——————————— 님의 소중한 미래를 위해
이 책을 드립니다.

90년생과 갈등없이
잘 지내는 대화법

90년생과 갈등없이 잘 지내는 대화법

강지연 지음

메이트북스

⌒메이트북스 우리는 책이 독자를 위한 것임을 잊지 않는다.
우리는 독자의 꿈을 사랑하고,
그 꿈이 실현될 수 있는 도구를 세상에 내놓는다.

90년생과 갈등없이 잘 지내는 대화법

초판 1쇄 발행 2020년 2월 3일 | **초판 2쇄 발행** 2022년 10월 15일 | **지은이** 강지연
펴낸곳 (주)원앤원콘텐츠그룹 | **펴낸이** 강현규·정영훈
책임편집 안정연 | **편집** 박은지·남수정 | **디자인** 최정아
마케팅 김형진·정호준 | **경영지원** 최향숙 | **홍보** 이선미·정채훈
등록번호 제301-2006-001호 | **등록일자** 2013년 5월 24일
주소 04607 서울시 중구 다산로 139 랜더스빌딩 5층 | **전화** (02)2234-7117
팩스 (02)2234-1086 | **홈페이지** www.matebooks.co.kr | **이메일** khg0109@hanmail.net
값 16,000원 | **ISBN** 979-11-6002-272-8 03190

잘못 만들어진 책은 구입하신 서점에서 교환해 드립니다.
이 책을 무단 복사·복제·전재하는 것은 저작권법에 저촉됩니다.

이 도서의 국립중앙도서관 출판시도서목록(CIP)은 e-CIP홈페이지(http://www.nl.go.kr/ecip)에서
이용하실 수 있습니다.(CIP제어번호 : CIP2020001842)

우선 매일 내가 하는 말부터 좀 더 따뜻하고
겸손하게 바꾸어보면 어떨까요.
고운 말 한마디가 나와 내 주변 사람들의
운명을 바꾸는 빛이 됩니다.

• 이해인(수녀) •

너무 어려운 90년생과의 소통

저는 X세대라 불리는 70년대 후반생이자 97학번입니다. 이런 제가 90년생과의 소통에 관심을 갖게 된 건 한마디 말 때문이었습니다.

저는 누군가의 말을 제대로 못 들었을 때는 "죄송하지만 제가 못 들었어요. 다시 한 번만 말씀해주시겠어요?"라고 말해야 하는 것으로 배웠고, 대부분 그런 방식으로 되물었습니다. 그런데 똑같은 상황에서 90년생들은 "뭐라고요?"라고 한마디로 묻더군요.

아무것도 아닌 이 한마디에 이들의 말하는 방식이 궁금해졌습니다. 처음에는 예의가 없다는 생각을 했지만 그걸 예의라고 봐야 하는지에 대해서도 의문이 생겼습니다. 이제는 어떤 것이 맞는지 잘 모르겠다는 생각까지 하게 되었습니다.

요즘 90년생의 말이나 행동에 당황하는 낀 세대들이 많습니다. 제 주변에도 후배와의 소통을 고민하는 사람들이 많더라고요. 모두들 90년생과 어떻게 대화해야 하는지에 대한 답을 알고 싶어 했습니다.

그러나 아쉽게도 밀레니얼 세대에 관한 책들에는 그들의 행동 패턴을 분석해 원인이나 이유를 밝히는 내용들뿐입니다. 어떻게 말해야 하는지에 대해서는 담겨 있지 않거나 간단하게 제안하는 데 그쳤습니다. 왜 그런지 생각해보니까 밀레니얼 세대가 모두 다 똑같이 반응하는 것이 아니기 때문에 각각의 개별성이 있다는 점에서 답을 제시하기가 어렵지 않았을까 싶습니다.

그럼에도 불구하고 제가 이 책을 쓰게 된 이유는 "이럴 땐 어떻게 말해야 하나요?"라고 물어보는 분들이 정말 많기 때문입니다. 말에 정답은 없지만 말 한마디가 너무 어렵다고 생각하는 분들을 위해 90년생과의 대화에서 실제로 적용해보는 데 도움이 되고 싶었습니다.

"도통 요즘 애들을 이해할 수가 없어"라는 말을 반복하고 있나요? 이 말은 예나 지금이나 변함없이 2030세대들에게 기성세대가 예사로 하는 말입니다. 우리에게도 윗세대들은 이해할 수 없다는 표현을 쏟아냈었죠. 시대가 다르면 생각이나 삶의 패턴이 달라지니까 서로 이해하기 어려운 건 예나 지금이나 마찬가지인 듯합니다.

최근 기업에 입사하는 90년생의 비중이 점점 늘어나고 있습니다. 이미 30~40%를 넘어 절대 다수를 차지하는 조직도 있습니다. 이제는 새로운 소통 방식이 필요한 때입니다.

이 글을 쓰고 있는 저도 낀 세대로서 여러 가지 갈등이 있었습니다. 90년생을 만나면 "요즘 애들은 왜 저렇게 말하지?"이라는 말을 입에 달고 있기도 했습니다. 그만큼 우리는 이해하기 어려운 일을 해내야 합니다. 우리가 마음 편해지기 위해서라도 말이죠. 이해가 안 된다고 생각할수록 내 감정만 상하게 되니까요.

이 글을 읽는 여러분에게 무조건 참으라고 하는 것은 아닙니다. 효율적인 대화를 위해서, 좋은 관계를 위해서, 결국 일을 잘하기 위해서 피할 수 없는 길이기 때문에 뭐라도 해봐야겠다고 생각하고 먼저 시도해보자는 거예요.

베이비붐 세대들은 90년생들을 보고 '그럴 수 있지'라고 이해하는 마음이 더 크다고 합니다. 그 이유는 그 분들의 자녀가 90년생인 경우가 많아서 집에서 늘 보던 모습인 거죠. 그걸 회사에서도 보는 거니까 익숙한 게 당연합니다. 베이비붐 세대들이 모이면 이렇게 말합니다. "누구 탓을 하겠어. 내가 키운 애들이 그런걸"이라고요. 그리고 낀 세대들에게는 "내 탓이다. 미안하다"라고 말합니다.

끼인 세대들은 그들을 자녀로 상상하기에도 버겁고, 한두 살 후배로 생각하기에도 거리감이 있습니다. 게다가 윗세대와 아랫세대 사이에 끼어서 이러지도 저러지도 못할 때도 있죠. 이 어려움을 저도 겪고 있기에 이 책으로 조금이나마 도움이 되고 싶은 마음입니다.

2019년 책 『90년생이 온다』가 선풍적인 인기를 끌며 90년생에 대한 특징들을 잘 표현했다고 생각합니다. 이제는 그 특징들을 이해하고 그들과 직접 대화하는 방법을 알아갈 때입니다. 막상 어떤 말로 표현해야 될지 막막하다면 이 책에 나와 있는 표현들을 활용해보면 좋겠습니다.

이 책을 쓰면서 고민이 되었던 것은 호칭이었습니다. 요즘 수평적 커뮤니케이션을 강조하며 직급체계를 줄이면서 수평적인 조직으로 변화하고 있습니다. 여기에 맞춰 리더와 구성원, 선배와 후배 등으로 최대한 수평적인 용어를 사용하려고 노력했습니다.

이 책을 통해 끼인 세대들이 90년생들과의 대화 방법에 대해 작은 해법이라도 찾길 바랍니다.

강지연

차례

1장 · 90년생과의 소통, 무엇이 필요할까?

2장 · 90년생과 효과적으로 소통하는 7가지 방법

5장 · 90년생과 슬기롭게 공존하는 7가지 소통법

6장 · 90년생과 대화할 때 하지 말아야 할 7가지 말

여러분은 소통할 때 무엇이 가장 중요하다고 생각하나요? 마음을 열고 소통하기 위해서

는 먼저 친밀감과 신뢰감을 쌓는 것이 필요합니다. 그러기 위해 자신의 진실한 마음을

보여줘야 하죠. 대화를 하면서 자신이 궁금한 것이 아닌 상대가 말하고 싶은 것에 귀기

울여주면 정말 좋습니다. 다 받아줄 것 같은 따뜻함과 편안함이 느껴지면 금상첨화입니

다. 먼저 다가오지 못하는 사람을 위해 다가갈 수 있다면 소통을 위한 준비는 끝입니다.

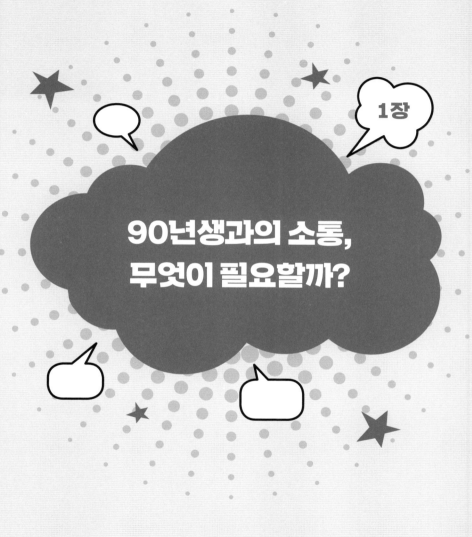

1장

90년생과의 소통,
무엇이 필요할까?

친밀감을 쌓아라

친근감을 쌓기 위해서는 공통의 관심사를 갖거나 자주 보면 좋아요. 또 실력있는 사람은 누구든 가까이하고 싶어 하죠.

비슷한 관심사 갖기

여러분은 누구에게 친밀감을 느끼나요? 가족이나 친구를 떠올리는 분들이 많을 겁니다. '친밀감'의 의미를 국어사전에서는 '지내는 사이가 매우 친하고 가까운 느낌이 드는 것'이라고 정의하고 있습니다. 매우 친하고 가까운 느낌을 함께 일하는 후배에게 느낀다면 이 책을 덮어도 좋습니다.

요즘은 업무적인 관계에서 친밀감을 느끼기가 더욱 어려운데, 워라밸 문화나 개인화 경향으로 인해서 공적인 관계를 사적인 관계로 연결하는 일이 줄어들었습니다. 그럼에도 불구하고 직장 내에서 친밀감을 쌓아가는 일은 피할 수 없습니다. 일 잘하는 사람들을 보면 대인관계 능력과 소통 능력이 있습니다. 이러한 역량을 높이려면 관계 형성을 잘해야 합니다. 그러기 위해서는 상대가 나에게 친밀감을 느낄 수 있도록 하는 것이 반드시 필요합니다.

그렇다면 친밀감을 느끼기에 가장 좋은 방법은 무엇일까요? 바로 비슷한 관심사나 취미를 갖는 것입니다. 나의 관심사와 후배의 관심사가 같다면 이야기가 잘 통하겠죠? 그럼 저절로 가까운 느낌을 갖게 될 것입니다.

최근 직장 내에서 동호회를 하는 사람들이 많습니다. 이들은 동일한 관심사를 갖고 있어 서로 격의 없이 대화를 나눌 수 있습니다. 그리고 동호회 내에서는 조직에서의 상하관계가 중요하지 않습니다. 얼마나 그 분야의 고수인지에 따라서 리더가 정해지기도 하고, 기술이 필요하지 않다면 돌아가면서 리더를 하기도 합니다. 저절로 수평적 커뮤니케이션이 되는 것이죠.

여러분은 후배들과 비슷한 관심사가 있나요? 나의 관심사를 얘기하면서 자연스럽게 이야기를 시작해보세요.

"난 저녁에 야구 보는 거 좋아하는데, 넌 요즘 좋아하거나 취미로 하는 거 있어?"

물리적으로 가깝게 지내기

후배가 선배에게 친밀감을 느끼는 것은 쉬운 일이 아닙니다. 신입일수록 당연히 선배에게 다가가기 어렵죠. 선배가 먼저 다가와도 불편함을 느낍니다.

심리학자 에릭 에릭슨(Erik Erikson)은 생의 발달 단계 중 성인기 단계를 친밀감 대 고립감으로 표현했습니다. 20~35세 사이를 성인 초기라고 하는데 딱 90년생들이 이에 속하죠.

또한 에릭슨은 이 시기를 사회적 친밀감을 형성하고 관계형성을 이루는 시기라고 정의했습니다. 직장에서 관계를 맺고 지내면서 자기 자신을 찾기 위한 노력도 합니다.

물리적으로 가깝게 지내는 것이 친밀감 형성에 좋은 이유는 서로 가까이 있으니까 아무래도 접할 기회가 많고, 자연스럽게 대화를 자주 할 수 있기 때문입니다. 큰 노력 없이도 쉽게 만날 수 있어서 대화를 위해 따로 시간을 내거나 자리를 옮길 필요도 없습니다.

또한 근처에 있다보니 상대방의 상태를 쉽게 확인할 수 있어 후배의 마음을 이해하기가 수월합니다. 물리적으로 가까워졌을 때 내가 후배와 친밀한 관계를 만들겠다는 생각만 하면 쉽게 친밀감을 형성할 수 있습니다. 특히 신입 직원들과 물리적으로 가깝게 지내면서 대인관계에 몰입하려는 이들의 발달 단계적 심리 상태를 활용해보는 것도 좋습니다.

출장 시 함께 시간을 보내거나 점심시간을 이용해 티타임을 하면서 친밀감을 형성해보는 건 어떨까요?

"○○카페 커피 맛있던데 밥 먹고 차 한 잔 할까?"

친근감에 실력 더하기

조직 내에서의 친밀감은 진실하고 인간적인 관계를 바탕으로 쌓을 수 있습니다. 때로는 적극성이 필요하기도 해요. 친밀감은 구성원들끼리의 상호작용을 전제로 하기 때문에 자주 접할수록 쌓이기 쉽습니다. 그에 더해 실력까지 갖추고 있다면 후배는 선배를 더 신뢰하게 됩니다.

『완벽한 공부법』의 저자 고영성 작가가 소개한 미취학아동 대상의 실험을 살펴봅시다. 아이들은 2명의 선생님이 어떤 물건의 용도를 설명하는 영상을 시청하게 됩니다. 한 명은 아이들에게 익숙한 선생님이 등장하고, 한 명은 낯선 선생님이 나옵니다. 이 영상을 시청한 뒤 아이들에게 수업을 받고 싶은 선생님을 선택해보라고 하니까 대부분의 아이들은 익숙한 선생님을 선택했습니다. 낯선 선생님보다 친근감을 느끼는 선생님을 선택한 것이죠.

이어서 두 번째 실험을 합니다. 이번에도 아이들에게 똑같이 새로운 물건에 대해 설명하는 영상을 보여줬습니다. 다만 한 가지 차이가 있는데, 낯선 선생님은 물건에 대해 상세히 설명해주는 반면에 익숙한 선생님은 일부러 어설프게 설명합니다.

이후 아이들에게 어떤 선생님에게 배우고 싶은지 선택하라고 한 결과 만 3세 이하의 아이들은 익숙한 선생님을 선택하고, 4세 이상의 아이들은 낯선 선생님을 선택했습니다. 이 실험은 우선 낯선 사람보다는 친근한 사람과 함께 일하는 것을 편안하게 여긴다는 것을 보여줍니다. 처음에는 낯설어도 실력이 있다면 친근감을 느낄 수 있습니다.

"아침 먹었어? 오다가 빵이 맛있어 보여서 사왔어. 어제 회의 시간에 말했던 A회사는 현재는 기업가치가 좀 떨어졌지만 미래 사업에 대한 전망이 좋아. 그 일은 계속 추진해봐."

나를 믿도록
신뢰감을 형성하라

업무에 대한 전문성을 보여주고 후배를 격려하면서 호의적
인 태도를 가져보세요. 그러면 신뢰는 따라옵니다.

전문성을 보여주며 인지적인 신뢰 쌓기

신뢰는 굳게 믿고 의지하는 것을 말합니다. 신뢰감이 느껴지는
사람들을 생각해보면 전문적인 지식을 갖고 있는 사람이거나 자
신의 생각을 명확하게 전달하는 사람, 또는 자신이 일하는 분야
에 열정적인 사람 등을 들 수 있습니다.

직장 선배로서 전문성을 갖고 있다는 것을 후배에게 보여주는
것이 신뢰감 형성에 중요한 영향을 미칩니다. 상대가 전문 지식
이 있다고 느껴질 때 신뢰감을 갖게 됩니다. 연구자 맥칼리스터
(McAlister)는 인지적 신뢰에 대해 전문성에 기반을 두고 있으며
맡고 있는 일에 책임을 다하는 것과 관련이 있다고 말했습니다.

신뢰가 가는 선배는 후배들이 따르게 되어 있습니다. 특히 전문성이 있다고 판단되는 선배의 말은 법처럼 여기기도 합니다. 고민이 있을 때나 잘 모르는 부분이 있을 때 신뢰하는 선배에게 자문을 구하게 되죠.

전문성이 있다는 말은 성과를 낸다는 의미이기도 합니다. 그런 모습을 보면서 후배들은 신뢰를 쌓아가게 됩니다. 그만큼 전문성을 갖추는 것은 중요합니다.

현재 내가 현실에 안주하고 있는 것은 아닌지, 고인 물이 되어버린 것은 아닌지 점검해보고 전문성을 놓치지 않도록 노력하면 좋겠습니다.

"최근에 OO학술지에 나온 내용을 보니까 우리 프로젝트와 관련된 연구가 있던데 한번 확인해봐."

마음을 표현하며 정서적인 신뢰 쌓기

정서적인 신뢰를 쌓는다는 것은 업무적인 관계를 넘어서 정서적인 유대감을 형성하는 것을 의미합니다. 업무적인 관계에서 개인적인 관계로 영역이 확대되는 건데, 이는 후배에 대한 관심과 배려에 기초한다고 볼 수 있습니다. 물론 상대가 허용하는 정도까지의 관심을 말합니다.

사회과학 연구에서의 신뢰는 어떤 사람이 다른 사람의 말과 행동에 확신을 가지고 좋은 의도로 여기는 마음 상태를 의미합니다. 후배가 내 말과 행동에 대해 믿을 수 있도록 평소에 관심과 배려를 표현하는 것이 중요합니다. 예를 들어 후배에게 "수고가 많다"라고 격려하는 말을 평소에 반복하면서 정서적인 교류를 하는 것이죠.

연구자 블라우(Blau)는 리더와 구성원간의 관계 속에서 신뢰는 매우 느리게 진화한다고 밝혔습니다. 리더와 구성원간의 신뢰의 정도는 시간의 함수로 과거와 현재가 연결돼서 반복적인 상호작용에 의해 만들어진다고 했습니다. 계속되는 연결을 통해서 상대방이 신뢰할 만하다고 여겨지면 사람들은 보통 서로의 관계를 더욱 확장시키려고 합니다. 그 결과 대인관계의 폭이 넓어지고 그만큼 신뢰는 공고하게 구축되는 것이죠.

신뢰를 쌓기 위해서는 시간이 걸리지만 마음을 지속적으로 표현하면 그 마음은 반드시 전달됩니다.

"너랑 같이 일하니까 참 든든하다. 내가 생각하지 못한 것들을 챙겨줘서 고마워."

신뢰에서 기본이 되는 기대에 부응하기

신뢰는 기본적으로 기대를 포함합니다. 사람들은 자신이 바라는 결과를 얻을 수 있을 것이라는 기대를 하며 상대를 신뢰합니다. 예를 들어 우리나라 여자배구의 간판스타인 김연경 선수를 사람들이 신뢰하는 이유는, 김연경이 경기에 나오면 이긴다는 믿음을 가지고 기대하기 때문입니다. 연구자 바르데(Barder)에 의하면 신뢰는 나와 상대방이 서로에 대해 같은 기대를 가지고 출발해야 한다고 합니다.

사회적 관계 속에서 가장 일반적인 '기대'의 의미는 도덕적으로 사회질서를 준수하는 것입니다. 선배가 부도덕한 일을 행하지 않을 것이라고 기대하는 것이죠. 두 번째는 업무를 함에 있어 기술적인 능력과 맡은 역할을 훌륭하게 수행할 것이라는 기대가 있습니다. 세 번째는 특정상황에서 자신의 이익보다 다른 사람들의 이익을 먼저 생각할 것이라는 기대와 관련이 있습니다. 선배가 후배를 위해 양보하고 배려해주는 모습을 기대하는 것입니다.

하버드대학교의 존 가바로(John Gabarro) 교수는 구성원이 리더가 가진 동기를 호의적으로 느낄 때까지 리더를 신뢰하기 어렵다고 했습니다. 상대를 호의적으로 느끼는 것이 그 사람을 신뢰하는 데 영향을 미친다는 것을 알 수 있습니다.

여기서 '호의'란 리더가 자신의 이기적인 동기를 내려놓고 구성원들에게 잘해주는 정도를 말합니다. 리더가 구성원에게 호의가 있다면 우호적으로 대하고, 어떤 일이든 잘 도와줄 것입니다. 이러한 리더의 호의적인 태도에 구성원들은 신뢰감을 느끼게 됩니다.

또한 리더가 성실한 모습을 보이면 구성원들은 일관성이 있다고 느끼고 신뢰를 하게 되며, 언행이 일치하고 누구에게나 공정하다고 여깁니다. 이처럼 성실성도 여러 연구자들이 언급한 신뢰의 중요한 요인입니다.

선배를 신뢰하는 데 영향을 미치는 것은 기대, 호의, 성실이라는 것을 잊지 마세요.

"네가 리플렛 작업은 맡아서 해봐. 내가 전체적으로 봐줄게."

**진실성 있게
다가가라**

자기 자신의 모습을 있는 그대로 인정하면서 공정한 모습을 보여주세요. 남의 말은 하지 않아야 진실해보입니다.

자기 자신을 정확히 인식하기

이제까지 다양한 리더십 이론들이 등장했습니다. 최근에는 조직 환경이 빠르게 변화하면서 일방적으로 조직을 끌고 가는 리더십은 영향력을 발휘할 수 없다는 인식이 나오고 있습니다. 그와 함께 등장한 리더십 연구 중에 '진성리더십' 이론을 살펴볼 필요가 있습니다.

리더십 이론에서 말하는 진정성이란 리더 개인이 가진 품성을 말합니다. 리더가 진정성을 가지고 표현할 때 리더십은 긍정적인 효과를 발휘할 수 있습니다. 국어사전에는 '참되고 애틋한 정이나 마음'이라고 진정성을 정의했습니다. 긍정심리학에서는 강점이 되는 성격 중의 하나로 진정성을 꼽았습니다. 진정성이 있다는 건 정직한 사람을 의미하고, 진실을 말할 뿐 아니라 진솔하게 삶을 살아가며 가식적이지 않음을 뜻합니다. 이러한 정의들을 정리해보면 '진성리더십'을 '진심'이라는 한 단어로 표현할 수 있지 않을까 싶습니다.

선배의 진실성은 후배의 업무 태도에 영향을 미치고 긍정적인 역할을 한다는 연구 결과가 있습니다. 따라서 현재 나의 모습을 정확히 인식하고, 자신의 강점과 약점을 스스로 파악해볼 필요가 있습니다.

리더가 자신의 좋은 모습만 부각시키려고 하거나 자신의 부족한 점을 인정하지 않으려고 하는 태도로 인해 구성원들과의 관계가 틀어질 수 있습니다. 부족한 점은 솔직하게 인정하고 그것을 메울 수 있는 구성원을 찾는 것이 탁월한 선택입니다.

"나는 디테일한 것들을 잘 놓쳐서 말이야, 네가 꼼꼼하니까 마지막에 한 번만 체크해줄 수 있을까?"

어느 한쪽으로 기울지 않는 공정성 갖기

진실성과 공정성은 조금 다른 개념이지만 연결점이 있습니다. 공정성을 강점으로 가진 사람은 모든 사람들을 공정하게 대하는 것이 중요한 원칙 중의 하나이며, 자신의 사적인 감정으로 업무를 처리하지 않습니다. 진실성 역시 다른 사람의 의견에 휩쓸리지 않고 자신의 생각을 솔직하게 표현하는 것을 의미합니다.

리더는 의사결정을 하는 데 있어서 다양한 정보를 받아들이고 분석할 필요가 있습니다. 특히 자신의 의견에 반대하거나 비판적인 의견도 수용할 수 있어야 합니다. 리더라면 조직과 구성원의 발전을 위해서 옳은 것을 선택하고 받아들일 수 있어야 합니다. 내 생각과 비슷한 의견에는 좋은 감정을 갖고, 내 생각과 상반되는 주장이 나오면 좋지 않은 감정을 느끼는 것은 공정하지 못한 태도입니다.

특히 후배들의 생각을 들을 때 '편가름'하는 마음에 휘둘리지 않게 조심할 필요가 있습니다. 감정적으로 들었을 때 처음 몇 마디만 들어도 금세 불편해지는 후배도 있고, 같은 생각임에도 불구하고 "맞아 맞아"를 연발하며 반가움을 느끼게 되는 후배도 있습니다. 중요한 점은 이런 나의 감정에 따라서 후배의 생각이나 말에, 귀를 닫아버리기도 한다는 것이죠.

내 생각과 같은지, 다른지에 따라서 내 편과 네 편을 나누고 상대방의 주장을 거부하다보면 우리가 가져야 할 공정성은 사라집니다. 결국 보고 싶은 것만 보고, 읽고 싶은 것만 읽는 편협한 사람이 되어버릴 것입니다.

이를 심리학에서는 '확증편향'이라고 합니다. 한쪽으로 편향

되지 않으려면 인내와 의지가 필요하다고 매일경제 김인수 기자는 말했습니다. 감정을 성찰해야 한다고요. "감정이 시키는 대로 선택하는 걸 조심해야 한다. 좋다는 감정만 보고 따라가지 말고, 싫다는 감정만으로 등지지 않는 게 핵심이다"라고 말이죠. 내 편과 네 편을 가르려는 마음이 들면 잠깐 이야기를 중단해보세요.

> "A가 낸 의견과 B가 낸 의견 모두 좋네. 어떤 의견을 선택할지 강약점을 살펴봅시다."

남의 말을 조금 덜 해서 관계의 투명성 갖기

누군가와 관계를 맺을 때 서로를 믿는다는 것은 매우 중요합니다. 저는 상대를 조금 더 편안하게 해주기 위해서 제 이야기를 먼저 합니다. 솔직하게 제 이야기를 하다보면 상대도 자신의 이야기를 편하게 하고, 그렇게 시간이 쌓이다 보면 서로 믿음이 생기더라고요.

대화를 할 때는 꾸밈없이 말하는 것이 중요합니다. 다만 성향에 따라 자신을 상대에게 개방하는 것이 힘든 사람들도 있습니다. 즉 자기를 보여주는 데 시간이 오래 걸리기도 하죠. 후배가 이런 나의 성향을 잘 모를 수도 있으니 선배가 먼저 말하는 것도 좋습니다.

"내가 낯을 좀 가리는 편이라 편해지는데 시간이 좀 걸려. 너무 애쓰지 않아도 돼."

상대방이 어떤 사람인지 알면 대하기 조금 편해지니까요. 누군가와 관계를 맺을 때 그 사람의 있는 그대로를 알게 될수록 가까워질 수 있습니다.

또한 서로를 믿고 진실하게 다가가기 위해서는 남의 말을 조금 덜 해서 관계의 투명성을 가지는 것도 좋은 방법입니다. 한마디로 '뒷담화'를 하지 않는 것이죠.

뒷담화는 남을 헐뜯는 말이나 행동이기 때문에 좋은 이야기가 나올 리 없습니다. 보통 친구들끼리도 그 자리에 없는 사람의 뒷담화를 하고 집에 갈 때면 편치 않은 마음으로 가게 되듯이 뒷담화는 당사자가 없는 곳에서 흉을 보는 것이므로 나도 언제 그 도마 위에 오를지 모릅니다.

뒷담화 중에 드러난 이야기를 생각하다보면 계속해서 궁금증이 생깁니다. 비하인드 스토리처럼 말이죠. '취재 뒷담화'라는 제목으로 연재되는 칼럼들이 있을 정도로 우리는 공개되지 않은 뒷이야기를 궁금해합니다.

예를 들어 방금 끝난 회의의 뒷이야기라면 사람들이 궁금해할 수밖에 없는데, 내가 모르는 일이라면 당연히 알고 싶을 겁니다. 하지만 이야기를 하다보면 거기서 그치지 않고 어떤 특정인에 대해 부정적인 판단이나 평가를 하게 되는데, 같이 이야기를 하면서도 마음이 편치는 않을 겁니다.

2019년 6월, 남녀 직장인에게 신입사원으로 뽑고 싶지 않은 유형을 묻는 설문조사 결과 1위가 불성실한 사람, 2위가 뒷담화 하기 좋아하는 사람이었습니다. 또한 얼마 전 SBS 〈백종원의 골목식당〉이라는 프로그램에서 백종원 대표가 솔루션을 해준 첫 번째 골목식당에서 백 대표의 뒷담화를 하는 장면이 나와서 놀랐던 기억이 있습니다. 평소 자신의 말에 대해 생각하지 않는 우리의 민낯이 그대로 드러난 것이 아닌가 싶습니다.

남의 말을 조금 덜 하는 선배가 된다면 후배와의 관계가 투명해지지 않을까요?

"없는 사람 얘기하니까 뒷담화하는 것 같아서 좀 그러네. 우리 얘기나 합시다!"

과하지 않은 호기심을 보여라

꾸준한 관심을 가지고 열심히 살아온 후배를 인정해주세요.
업무적으로는 최신 트렌드를 놓치지 말아야 합니다.

후배에게 적당한 관심 갖기

긍정심리학에서 인간이 가진 긍정적 품성으로 제시한 강점 중 하나가 바로 호기심입니다. 호기심이 많으면 언제나 질문을 하고, 모든 주제와 화제에 관심을 가지며 탐험하게 되고, 무엇이든 새로운 것을 발견하는 것을 좋아합니다.

행복과 삶의 만족을 예측하는 요인이기도 한 호기심은 인간의 행동에 매우 강력한 영향을 미치는 동기입니다. 이러한 호기심이 지나쳐서 집착으로까지 번지면 안 되겠지만 적절한 호기심을 통해 상대에게 관심을 갖는 것은 관계를 맺는 데 중요합니다.

심리학자 아서 아론(Arther Aron)의 친근감에 대한 연구를 보면 상대방과 36가지 질문을 주고받으면서 서로의 공통점과 비슷한 가치관을 알게 되고, 상대방에 대해 자세히 알게 되면서 친밀감이 증가한다고 했습니다. 평소 업무 상황에서는 후배의 생각이나 가치관을 잘 모르잖아요. 대화할 기회를 마련하고 다양한 질문들을 통해 후배의 이야기를 들어보면 서로를 이해할 수 있는 폭이 넓어집니다.

대화를 할 때 너무 심각한 질문보다는 가벼운 이야기로 시작하는 것이 좋습니다. 밥은 먹었는지, 요즘 어떻게 지내는지 물어보면서 마음의 여유가 생길 수 있도록 합니다. 그 이후 조금씩 깊이 있는 이야기로 들어가면 됩니다. 후배가 살아온 시간이나 그의 가치관에 대해 알고 싶다면 다음과 같은 질문을 해보세요.

"관계 맺는 데 가장 중요하다고 생각하는 게 뭐야?"
"지금까지 살면서 이것만큼은 잘했다는 게 있어?"
"살면서 가장 감사하다고 느끼는 게 있어?"
"가장 후회하는 일이 있니?"
"오랫동안 하고 싶었던 일이 혹시 있어?"

지금까지 살아온 삶에 대한 질문을 통해 후배에 대해 더 많이 알 수 있고, 어쩌면 그의 행동까지도 이해할 수 있을지 모릅니다.

대화를 하면서 상대가 어려워하면 자신의 이야기를 먼저 하는 것도 괜찮습니다.

> "나는 어렸을 때부터 무턱대고 무언가 해보는 걸 좋아했던 것 같아. 5세 때 피아노학원에 가서 피아노 배우고 싶다고 하기도 했었거든. 넌 어땠어?"

새로운 정보에 민감해지기

호기심이 많은 사람들은 항상 '왜'라는 물음을 달고 삽니다. '왜 저 음식점에는 사람들이 저렇게 많이 모이지?' '왜 우리나라 사람들은 항상 빨리빨리를 외치지?' '저 사람은 왜 말을 저렇게 할까?' 등 순간순간이 호기심 천국입니다.

이렇게 주변에 호기심을 갖는 것처럼 후배가 좋아하는 음식, 관심사, 습관 혹은 평소 보지 못한 새로운 모습을 발견해보면서 후배에게도 호기심을 가져보면 어떨까요? 실제로 내가 본 것에 대해 후배에게 말로 표현해보는 것도 좋습니다.

상대가 말을 듣고 부담스럽지 않게 하는 것이 중요합니다. 더 신경 쓸 점은 내가 관찰한 상태만 말해야지 내 생각을 덧붙이면 불편해할 수 있다는 것입니다.

"오~ 오늘 엄청 스마트해 보이는데~ 어디 면접 보러 가는 것 같다." : X

"오~ 베이지색 재킷이 잘 어울린다~ 새로 샀어?" : O

어떠신가요? 두 문장 중에서 위의 문장을 보면 스마트해 보인다고 한 말도 내가 마음대로 평가한 것이고, 면접 보러 가는 것 같다는 말도 내 판단일 뿐입니다. 아래 문장처럼 보이는 색깔을 그대로를 말해주는 것이 좋습니다. "새로 샀나보네"라고 단정 짓기보다는 새로 샀는지 물어보는 표현이 더 좋습니다.

자신이 어떤 분야의 전문가라면 자신의 분야에 대한 트렌드를 남들보다 먼저 아는 것도 필요합니다. 후배들은 트렌드를 읽는 선배와 소통하고 싶어 합니다. 선배가 후배보다 업무 분야에 대한 새로운 정보를 받아들이는 것이 늦다면 후배들은 그런 선배를 고인 물로 생각하기 쉽습니다.

급격하게 변화하고 있는 조직문화에 대해 아는 것도 중요합니다. 조직문화가 변하고 있는데도 예전부터 일하던 방식을 그대로 유지하면서 후배들과 원활한 소통을 바라는 것은 무리일 수밖에 없습니다.

특히 '직장 내 괴롭힘 금지법' 같이 최근부터 적용된 법률뿐만 아니라 젠더와 관련된 문제나 외국인 직원들과의 문화 차이 등에 있어서도 민감해질 필요가 있습니다. 신입사원의 경우 회사의 복리후생 등과 관련해서 모르는 부분들을 선배가 알려주면서 소통하는 것도 좋은 방법이겠죠?

"우리 회사는 자기계발 할 수 있게 지원해주니까 운동이나 배우고 싶은 거 있으면 신청해도 돼. 궁금한 것이 있으면 언제든 물어봐."

20대들의 베스트셀러 읽기

90년생을 책으로 이해하는 것도 한 방법입니다. 요즘 2030세대는 무슨 생각을 하는지 책 트렌드를 통해 관심을 가져보는 것이죠. 그들이 읽는 책을 같이 보면서 세상에 대한 관점을 맞춰보기도 하고, 어떤 느낌을 느끼는지에 대해서도 호기심을 가져보세요. 정서적으로 후배에게 공감할 수 있다면 소통은 훨씬 자연스럽고 편안하게 이루어집니다.

그럼 최근 20대들이 어떤 책에 관심이 있는지 한번 찾아볼까요? 인터넷서점 YES24에서 제공하는 2019년 8월 초 연령별 베스트셀러를 살펴본 결과, 20대들이 보는 책의 1위부터 9위까지를 토익이나 NCS 실전모의고사 등 수험서가 차지하고 있었습니다.

참 씁쓸한 결과죠. 저도 통계를 보며 마치 고등학생들이 수능 준비를 위해 수험서를 보는 것 같다는 생각이 들었습니다. 취업 준비에 바쁜 20대들은 수험서밖에 읽을 수 없는 현실과 마주할 수 있었습니다. 겨우 10위에 소설가 김영하의 『여행의 이유』가 올라와 있었습니다.

한 가지 재미있는 순위가 15위에 있는 임홍택의 『90년생이 온 다』였습니다. 밀레니얼 세대를 이해하기 위해 기성세대들이 거의 필독서처럼 읽고 있는 책입니다. 20대들도 자신들의 이야기가 담긴 책을 많이 본다는 사실이 재미있었습니다.

그 뒤를 이어 27위에 유시민의 『유럽 도시 기행1』이 올라 있었습니다. 30위 안의 오른 책 목록 중 3권만 수험서가 아니라는 것과, 그 세 권 중에서도 두 권이 여행에 관련된 도서라는 것이 눈길을 끕니다.

31위부터 50위까지는 다양한 분야의 책들이 있었습니다. 33위가 제임스 클리어의 『아주 작은 습관의 힘』이고, 뒤를 이어 35위는 크리에이터 선바의 『제 인생에 답이 없어요』, 39위는 『박막례, 이대로 죽을 순 없다』였습니다. 40위와 41위에 각각 베르나르 베르베르의 『죽음1』『죽음2』가 올라 있고, 47위에 드디어 소설이 등장합니다.

박상영의 『대도시의 사랑법』, 48위와 50위에 각각 에세이 분야인 김수현의 『나는 나로 살기로 했다』와 시팔이로 유명한 하상욱의 『튜브, 힘낼지 말지는 내가 결정해』가 있네요. 50위까지 살펴본 것 중에 11권을 제외한 나머지는 모두 수험서였습니다.

이렇게 열심히 공부하고 취업 준비를 해서 입사한 후배들이라는 것을 알고 나니 입사 후 번아웃될 수 있겠다는 생각이 듭니다. 공무원 시험에 합격한 이들이 다시는 공부하고 싶지 않다고 하는 마음도 이해가 되네요. 대학생 때부터 스펙을 쌓기 위해 열심히 노력한 후배들의 노고를 인정해주어야겠습니다.

"내가 서점에 가서 연령별 베스트셀러를 봤는데 20~30대는 수험서가 대부분인 거야. 취업하려고 정말 노력을 많이 하는 것 같아. 너도 얼마나 열심히 준비했겠어. 그렇게 힘들게 회사 들어왔는데 숨 쉴 틈도 안 주고 일하니 나라도 지치겠다. 사람들이 너희 보고 하고 싶은 대로 다하고 산다지만 내가 보기에는 너희만큼 취업하려고 열심히 한 세대도 없을 거야."

말과 행동에
따뜻함을 더하라

따뜻한 말 한마디와 지지하는 표현이 상대의 마음을 움직입
니다. 이에 이타주의적인 마음으로 배려 행동을 더해보세요.

따뜻한 사람 되기

사람을 볼 때 즉각적으로 판단하는 것 중 하나가 인상입니다. 나
에게 해가 되는 사람인지 도움이 되는 사람인지 본능적으로 알
수 있습니다.

나에게 해가 되는 사람의 인상은 차갑다거나 거만하다거나 부
정적으로 보인다고 말합니다. 반면에 도움이 되는 사람은 좋은
사람이라거나 따뜻한 사람, 정이 많은 사람 등으로 표현하죠. 그
만큼 따뜻한 사람은 벌써 표정에서 느껴집니다.

대표적으로 영화배우 안성기와 이해인 수녀 등을 꼽을 수 있
습니다. 이분들의 얼굴을 떠올리면 절로 미소가 지어지죠. 우리

의 뉴런세포 때문입니다. '거울 효과'라고 많이 들어봤을 텐데, 웃고 있는 사람의 표정 사진을 5초만 바라봐도 내 표정이 미소 짓고 있는 것을 발견할 수 있습니다.

흥미로운 것은 앞에서 말한 두 분의 경우 표정도 온화하지만 그들이 하는 말도 따뜻한 느낌을 줍니다. 이렇듯 말을 따뜻하게 하는 사람은 편안한 어투를 가지고 있습니다. 표정은 따뜻한데 말이 차가운 사람은 보기 드물죠.

이렇게 말하는 사람들도 있습니다. 직선적으로 말하면 훨씬 효율적이라고요. 물론 그럴 수 있겠죠. 명령하거나 윽박지르면 어쩔 수 없이 일을 하게 되니까요. 그러나 이제는 그런 방식이 통하지 않습니다. 예전에는 일만 잘하면 주변에 사람이 없어도 혼자 우뚝 설 수 있었지만 이제는 사람들과 협력해야 합니다. 불편한 말이나 상처 주는 말 대신 따뜻하게 말하는 연습을 해야 합니다.

이해인 수녀님의 『고운 마음 꽃이 되고 고운 말은 빛이 되고』를 보면 날씨가 너무 더워 짜증스러운 푸념이 나오려고 할 때 "여름엔 더워서 고생이지만 곡식과 과일이 잘 익으니 뜨거운 햇볕이 정말 고맙지요?"라고 말해보고, 또 비가 와서 습기 찬 것을 불평하고 싶을 때는 "목마른 대지와 나무들이 기뻐서 어쩔 줄을 모르네요. 비는 얼마나 고마운지!"라고 말해보라고 권합니다. 고운 말을 연습하는 것은 우리 생의 의미이고 책임이라고요. 오늘부터라도 따뜻한 말 한마디 주고받아 보는 건 어떨까요?

"아침에 옷이 잘 어울린다고 말해준 덕분에 오늘 하루 종일 기분 좋게 보낼 수 있었어. 고마워."

경쟁이 아닌 따뜻한 관계 만들기

조직에서 '인간적이다'라는 평가를 받으면 왠지 일을 잘 못하는 사람처럼 여겨집니다. 그러나 요즘은 인간적인 사람이 일도 잘합니다. 경쟁도 필요하지만 협력도 그만큼 필요하죠.

연구자 타우어(Tauer)는 경쟁이란 어떤 개인이 타인보다 뛰어나기 위해 시도하는 것이며, 둘 혹은 그 이상의 개인이나 집단이 하나의 목표를 성취하기 위해서 보다 노력하는 것이라고 말했습니다. 경쟁 상황은 자신의 수행이 경쟁을 통해서 다른 사람들의 수행과 비교되고 평가되는 상황을 의미합니다. 우리는 회사 내에서 동료들끼리 경쟁 상황에 놓일 수도 있고, 기업 간의 경쟁 상황을 경험할 수도 있죠.

90년생은 어릴 때부터 많은 경쟁 상황을 겪으며 성장해서 오히려 기성세대보다 더 살아남아야 한다는 치열함이 있습니다. 그러나 최근 조직에서는 더이상 경쟁만이 답이 아닙니다.

연구자 셰리프(Sherif)는 사람들이 경쟁을 할 때 자신의 성공을 최대화시키기 위해서 노력할 뿐만 아니라 다른 사람의 성공을 최소화하려고 하기 때문에 완벽한 경쟁이란 한 사람이 이기면 다른 한 사람은 반드시 지게 되는 제로섬이라고 했습니다. 이제는 여기서 빠져나와 조직 내에서 살아남기 위해 서로 협력해야만 합니다. 지금은 무한경쟁 시대가 아니라 초경쟁 시대이기 때문입니다.

산업간 경계가 허물어지는 무경계의 시대와 속도의 시대가 맞물린 초경쟁 시대에는 새로운 경쟁력 확보가 필요합니다. 무한경쟁 시대에는 약자가 죽으면 끝나지만 초경쟁 시대에는 강자도 죽을 수 있습니다.

2018년 베스트 글로벌 브랜드 TOP10 기업 중에서 100년을 넘긴 브랜드는 127년 전통의 코카콜라가 유일합니다. 어떤 조직이 장수기업으로 오래 살아남기 위해서는 경쟁이 아닌 협력이 필요합니다.

특히 일 잘하는 후배의 실적을 가로채거나 후배보다 더 인정받으려고 애쓰는 사람을 보면 참 안타깝습니다. 후배가 일을 잘하면 더 잘 하도록 독려하고 지지하는 것이 결국 팀이 잘 되는 길인데 말이죠. 그걸 모르는 사람들이 많습니다.

그들은 후배가 치고 올라올까봐 걱정만 하고 어떻게든 눌러버리려고 애씁니다. 하지만 그런다고 해서 눌러지지 않습니다. 그냥 힘 빼고 후배들이 열심히 할 수 있는 환경을 만들어주자고요. 그게 우리가 후배들에게 인정받는 길이자 서로 따뜻한 관계를 맺는 길이기도 합니다.

"네가 열심히 해준 덕분에 우리 팀이 이번 프로젝트를 잘 마무리할 수 있었어. 고생했다."

행복에 기여하는 선행하기

타인을 배려하는 마음을 갖는다는 것이 어떤 사람에게는 쉬운 일일 수도 있지만 어떤 사람에게는 쉽지 않은 일일 수도 있습니다. 배려하는 마음을 행동으로 옮기는 것은 더 어렵죠. 나의 희생이 필요할 수도 있습니다.

우리는 배려하는 것에 대해 마음을 크게 먹거나 대단히 큰일을 해야 하는 것으로 생각합니다. 하지만 반대로 누군가에게 배려받는다고 느끼는 것은 매우 사소한 행동에서 비롯됩니다. 예를 들어 사람들이 많이 지나다니는 쇼핑몰에서 문을 열고 들어갈 때 뒤에 오는 사람을 위해 문을 잡아주거나 엘리베이터를 탈 때 사람이 뛰어오면 열림 버튼을 눌러 기다려주는 등의 아주 사소한 행동으로 마음이 따뜻해집니다.

심리학자 바바라 프레드릭슨(Barbara Fredrickson)은 조직에서 행복한 구성원이 이타주의 행동을 많이 한다고 밝혔습니다. 조직 안에서 행복한 구성원은 동료들에게 관심을 기울일 가능성이 크고, 다른 사람에 대한 이해의 폭이 넓어집니다. 팀워크를 향상시키고 동료들에게 자상한 행동을 하는 등 이타적인 행동을 통해 개인적 성장과 발전을 이룹니다. 즉 행복한 구성원일수록 동료나 후배들을 배려할 수 있는 마음의 여유가 생기고 이로 인해서 상대를 돕는 이타주의 행동을 많이 하는 것이죠.

또 다른 연구를 살펴보면 다른 사람에게 연민을 느끼고 배려하고 돌봐줄 때 그것을 받는 사람뿐만 아니라 돌봐주는 사람의 몸에도 면역력이 증가한다는 결과가 있습니다. 다른 사람을 배려하고 돌봐주는 것을 선행이라고 하죠.

이러한 선행은 습관이 됩니다. 다른 사람에게 어떤 도움이 필요한지 그 사람의 입장이 되어보는 것을 통해서 자신의 마음 근육을 키울 수 있습니다.

선행을 할 때는 배려를 받는 사람과 배려하는 사람 모두 행복감이 높아집니다. 우리의 조직에서도 선후배간에 이렇게 선순환되는 관계가 되면 참 좋겠네요.

"너 이번에 부모님 모시고 동생들이랑 어렵게 시간 맞춰서 여행 간다고 했잖아. 명절 연휴 붙여서 휴가 내고 다녀와. 난 이번 연휴에 집에서 쉴 거라 혹시 일이 생기면 내가 백업하면 되니까. 가족들이랑 즐거운 시간 보내. 나중에 술이나 한잔 사."

**함께 소통하고 싶은
편안함을 제공하라**

힘들 때 토닥여주고, 스트레스를 주지 않으면 편안함을 느껴요. 후배 스스로 선택할 수 있게 자율성을 부여하면 더 좋죠.

만날수록 편안한 사람 되기

여러분은 '편안한 사람' 하면 누가 떠오르세요? 배우자? 부모님? 친구? 적어도 직장상사일 확률은 가장 낮지 않을까 싶습니다.

 내 말을 잘 들어주는 사람, 마음을 터놓고 이야기할 수 있는 사람, 내가 무슨 말을 해도 나를 믿어주는 사람, 내가 힘들어할 때 토닥여줄 수 있는 사람 등 편안한 사람의 기준이 있을 겁니다. 이런 사람이 하루에 가장 많은 시간을 보내는 직장에 있다면 참 좋겠죠?

 내가 이렇게 바라듯 아마 후배들도 만날수록 편안한 선배가 있었으면 좋겠다고 생각하지 않을까요? 후배들에게 '난 너를 해치지 않아'라고 말이든 행동이든 표현하면서 편안한 분위기를 만들어주면 좋겠습니다.

『나는 나로 살기로 했다』『좋은 사람이길 포기하면 편안해지지』라는 책 제목처럼, 하루하루 애쓰다보면 때때로 '좋은 사람 노릇은 피곤하다' '좋은 사람으로 평가받기보다 그냥 있는 그대로의 모습으로 살아가도 괜찮다'라는 생각이 들기도 하고, 나를 우선적으로 챙기게 될 수도 있습니다.

중요한 점은 내가 편안해야 상대도 편안하게 느낀다는 것입니다. 만날 때마다 편안한 사람이 되려고 노력하다가 지치는 것이 아니라, 후배들이 힘들어하거나 도움을 필요로 할 때 옆에 있어줄 수 있는 편안한 사람이 되면 좋겠습니다.

"힘든 일 있으면 언제든 얘기해. 서로 어떤 상황인지 아는데 눈치 보지 말고 편하게 말해도 돼."

모두의 스트레스 줄이기

우리는 인생을 살면서 매순간 스트레스를 받으며 살아갑니다. 스트레스의 의미를 살펴보면 '팽팽하게 죄다'라는 의미의 Stringer라는 라틴어에서 유래되었습니다. 19세기 후반에 스트레스의 의미가 더 발전해 사람의 정신력이나 신체기관과 관련돼 나타나는 압력이나 긴장 등의 의미로 사용되었고요. 특히 최근에는 직무 스트레스로 인해서 정신질환을 앓는 사람들이 늘어나고 있고, 산업화가 발전되면서 스트레스성 정신질환의 문제가 심각해지고 있습니다.

현대인에게 스트레스 없는 삶은 상상하기 어려울 정도로, 스트레스는 우리 곁에 가까이 있습니다. 그로 인해 신체적으로 병이 생기거나 정신적으로 문제가 발생하기도 합니다. 그제야 내 몸의 문제를 알아차리고 진화에 나섭니다. 문제가 생기기 전에 서로의 스트레스를 줄이려고 노력하면 좋을 텐데요.

스트레스를 줄이기는커녕 아침의 첫 인사부터 인상을 구기게 하는 사람들이 있습니다. 하루의 시작을 어떻게 하느냐에 따라 업무 강도가 다르게 느껴지기도 하는데 말이죠.

스트레스를 치료하는 신경정신과 의사들은 직장에서의 스트레스가 현대인의 스트레스에 있어 가장 큰 요인이며, 의학적으로는 병리적인 처방만 할 뿐이라고 말합니다. 근본적인 치료는 직장 내의 환경과 같은 스트레스의 직접적인 요인을 개선하거나 상황에 맞는 정신적인 훈련을 통해서 이루어진다는 데 의견을 같이 하고 있습니다.

스트레스 줄이는 방법으로 최근 가장 관심을 끄는 것이 마음챙김 명상입니다. 스트레스를 받지 않는다는 것은 사실상 불가능합니다. 스트레스의 부정적 효과를 최소화하는 것이 중요합니다.

스트레스에 대한 효과적인 대응 방법으로 약물이나 음식물, 이완 요법, 운동, 명상 등이 있는데, 특히 명상은 스트레스 대처에 효과적입니다.

연구자 애스틴(Astin)은 마음챙김 명상 프로그램을 수련한 사람들이 스트레스를 위협적으로 보지 않고 하나의 도전으로 받아들이게 되었다고 합니다. 또 통제 불가능한 사건을 내려놓는 통제감과 상황을 수용하는 능력도 크게 향상되었다는 결과를 내놓았습니다.

이렇게 마음챙김 명상은 외부의 사건으로부터 벗어나 자신의 감정에 집중할 수 있게 합니다. 이것은 스트레스 호르몬인 코티졸과 교감신경계의 활동을 억제하고, 부교감 신경계의 활동을 촉진해서 심신의 안정을 가져옵니다. 습관적인 스트레스의 악순환을 단절하고 스트레스에 효과적으로 대처할 수 있도록 하는 것이죠.

스트레스를 줄이고 편안함을 느끼기 위해서 아침시간이나 점심시간을 활용해 명상을 하는 사람들이 늘고 있습니다. 최근에는 사내에 명상센터를 직접 만드는 기업들도 있고, 대기업 S사와 L사는 각각 2017년에 경북에 명상연수원을 열었습니다. 또한 신입사원 연수나 임직원 연수 프로그램에 명상수업을 넣기도 합니다.

명상은 '더하기'가 아니라 '빼기'입니다. 스트레스를 버리고 현재에 집중할 수 있도록 돕습니다. 이렇게 스트레스를 줄인다면 서로를 보는 시선이 조금 더 편안해지지 않을까요?

"요즘 난 요가도 하고 명상도 하면서 힐링을 하니까 스트레스가 좀 풀리더라고. 스트레스를 받으면 감정적으로 상대에게 표현하게 되는 것 같아. 평상심을 유지하려면 스트레스를 푸는 자신만의 방법을 찾아야 해. 스트레스를 쌓아두면 나만 더 힘들어지니까. 너는 스트레스 받으면 어떻게 풀어?"

심리적 안정감 주기

편안한 마음을 가지면 일을 더 잘 할 수 있습니다. 2019년 LA다저스의 류현진 선수가 시즌에 처음으로 10일 동안 부상자명단에 올라 많은 팬들이 걱정을 했었는데, 복귀하자마자 보란 듯이 시즌 12승과 함께 한미통상 150승이라는 대기록을 세웠습니다. 그는 경기 후에 10일 동안 쉬면서 준비할 시간이 많았기 때문에 편안한 마음으로 마운드에 오를 수 있었다고 말했습니다. 편안한 마음을 가지고 일을 한다는 것이 그만큼 심리적 안정감을 주는 것임을 알 수 있습니다.

연구자 에이미 에드먼드슨(Amy Edmondson)은 구성원이 자신의 의견을 표현하는 데 어려움을 겪지 않을 때 안전하다는 믿음을 가지고 학습을 촉진하며, 혁신적인 생각이나 아이디어를 낼 수 있고 그것을 통해 심리적 안정감을 갖는다고 했습니다.

바에(Baer)와 프레제(Frese) 등의 연구자들은 구성원들이 심리적 안정감을 느끼기 위해서는 리더들이 유연하고 지원적이어야 하며, 구성원들은 자신의 일에 통제력을 가지고 있어야 한다고 말했습니다. 또한 리더들은 구성원들이 실패하더라고 두려움 없이 직무를 수행할 수 있는 여건을 만들어주고, 스스로 직면한 문제를 해결하기 위해 새로운 방법을 시도할 수 있게 만들어야 한다고 주장했습니다.

일을 하는 데 있어 심리적 안정감을 느끼는 것은 업무 환경에서의 편안함을 의미합니다. 일을 스스로 할 수 있도록 자율성을 부여하는 것도 심리적 안정감을 주는 하나의 방법입니다.

"일을 하다 보면 잘 되기도 하고, 안 되기도 하니까 결과에 너무 신경 쓰지 말고 해봐. 뭐든 힘을 빼라고 말하잖아. 부담 갖지 말고 해봐."

사회성이 고민인 그들에게 먼저 다가가라

후배의 마음에 공감하는 것이 필요합니다. 협력하려는 마인드를 가지고 후배의 성향도 있는 그대로 인정해보자고요.

원만한 관계 맺기

사람은 태어나면서부터 끊임없이 관계를 맺으며 살아갑니다. 가족 간의 관계를 시작으로 친구들과 관계를 맺고, 사회에 나와서는 좀 더 폭넓은 대인관계를 형성하게 되죠. 직장 내에서 대인관계를 잘 하는 사람들을 살펴보면 소통을 잘합니다.

많은 연구에서 대인관계능력과 소통능력은 상관관계가 있다는 것을 증명하고 있습니다. 대인관계능력이 좋은 사람들은 소통을 잘하고, 소통을 잘 하는 사람들이 대인관계능력이 높습니다. 이처럼 원만한 관계를 맺기 위해서는 소통하는 능력이 반드시 필요합니다.

소통을 잘하기 위해 노력하는 방법으로 책을 보면서 공부하는 분들이 많습니다. 하지만 대화법에 관한 책을 읽고 '그렇군' 하고 책을 덮으면 현실에서 큰 도움이 되지 않습니다. 실제로 내가 하는 말들이 상대에게 어떻게 전달되는지 직접 말을 해봐야 그 효과를 알 수 있습니다.

더 어려운 것은 상대마다 반응이 달라서 모든 사람에게 똑같이 적용할 수도 없다는 것입니다. 그러니 가장 좋은 방법은 내 옆에 있는 사람들과 대화 시간을 자주 가지며 그들의 반응을 살피는 것입니다.

회복탄력성은 힘든 상황이나 역경을 극복하는 힘을 뜻합니다. 『회복탄력성』이라는 책의 저자인 김주환 교수는 회복탄력성을 구성하는 것이 자기조절능력과 대인관계 능력, 긍정성이라고 언급했습니다. 여기서 정의하는 대인관계 능력은 공감능력과 소통능력, 자아확장력으로 구성되어 있습니다. 상대방의 상황을 이해해주고 그 사람이 느끼는 감정을 공감할 수 있다면 원만한 관계를 맺는 데 매우 큰 도움이 됩니다. 내 마음을 알아주는 사람이 가장 편하잖아요.

좋은 관계를 맺고 있는 사람과는 소통을 할 때 어려울 게 없습니다. 다만 불편한 관계일 때 대화가 잘 통하지 않고 말하기 싫어지죠. 상대의 이야기를 듣지 않거나 비판만 하게 되니까요. 이럴 때 우리가 잊지 말아야 하는 것은 상대와의 관계가 편해지면 결국 내 마음이 편해진다는 사실입니다. 내가 불편한 사람과 잘 지내려고 노력하는 이유는 상대방을 위해서가 아니라 나를 위해서입니다.

마지막으로 자아확장력이란 우리나라 표현으로는 오지랖으로 볼 수 있는데, 자신이 다른 사람과 연결되어 있다고 느끼는 정도를 말합니다. 자아확장력이 높은 사람들은 다른 사람과의 관계에 대해 항상 생각하는 힘을 가지고 있습니다.

후배 일이 내 일처럼 느껴진다면 그 선배는 자아확장력이 높은 사람입니다. 후배들의 마음에 공감하고 그들과 함께 소통하며 후배의 상황이 내 일처럼 느껴져서 챙긴다면 원만한 관계는 당연히 보장되겠죠?

"내가 좀 오지랖이 넓어서 그런지 네가 하는 게 남일 같지 않아 신경이 쓰이네. 일하다가 힘들면 내가 도와줄 수 있으니까 혼자 힘들어하지 말고 와서 말해."

후배들과 협력하기

연구자 버니 트릴링(Bernie Trilling)은 미래사회에 필요한 핵심적인 역량으로 문제해결력과 협업 능력, 창의성이 포함된 학습 및 혁신 스킬을 제안했습니다. 복잡해진 사회에서 더이상 개인의 능력으로 해결하기 어려운 문제들이 나타나고 있습니다 .이러한 문제는 협력해서 해결할 수 있는 능력을 갖춰야 한다는 것을 의미합니다.

직장 내에서도 혼자 할 수 있는 일은 많지 않습니다. 선후배가 함께 팀으로 일하고, 팀 부서별로 협력하는 일도 생깁니다. 프로젝트팀으로 갑자기 여러 사람들이 모여 일을 하기도 하죠. 그만큼 일을 하면서 협력은 중요해졌습니다.

구성원간의 협력이 중요해진 시기는 60년대 이후 미국 기업을 중심으로 기업의 대규모화가 진행된 것이 계기가 되었습니다. 거대 기업들이 탄생하면서 기업조직은 복잡하고 대규모화가 급속하게 진행되었으며, 조직의 분권화는 조직운영을 위한 필수적인 요소가 된 것이죠. 협업의 문제는 이때부터 기업의 주요한 과제가 된 것으로 볼 수 있습니다.

조직이나 개인의 일상생활에서 우리는 협동, 협력, 협업이라는 단어들을 구분하지 않고 사용하고 있는데, 약간의 차이가 있습니다. 협동은 '서로 마음과 힘을 하나로 합하는 것'이고, 협력은 '힘을 합하여 서로 돕는 것'입니다. 협업은 '같은 종류의 작업을 여러 사람이 협력해서 공동으로 하는 일'입니다. 정리하면 협동과 협력은 협업을 위한 일입니다.

『반영조직』을 쓴 쿠 퍼실리테이션 그룹(KOO Facilitation Group)의 구기욱 대표는 협력을 시너지의 원천이라고 말했습니다. 조직에서는 함께 의견을 맞춰 일해야 하고, 협력을 통해서 시너지를 낸다고요. 그는 "아무리 좋은 의견이 있고 아무리 열정 넘치는 한 사람의 구성원이 있다고 해도, 다른 사람들과의 협력 없이는 조직의 높은 성과를 낼 수 없다"고 말했습니다.

그렇다면 협력을 잘하는 방법은 무엇일까요? 의사결정을 할 때 무조건 리더가 단독으로 하는 것은 피하는 것이 좋습니다. 또한 우리가 흔히 의사결정을 할 때 저지르는 실수인 다수결에 의한 결정도 주의해야 합니다.

다수가 모두 옳다고 볼 수는 없죠. 그러므로 소수의 의견이 무시되지 않도록 하는 것도 중요합니다. 모든 구성원들이 원만한 합의를 하기 위해서는 서로 의견을 비판 없이 나눌 수 있어야 하고, 서로 양보해서 타협점을 찾기보다는 실질적으로 문제를 해결하기 위한 방법을 모색하는 분위기를 만드는 것이 바로 리더의 역할입니다.

"내가 혼자 결정하는 것보다는 회의하면서 같이 이야기를 나눠보고 결정하는 게 좋을 것 같아서 모이라고 했어. 모두의 의견을 존중하고 수렴하려고 모인 거니까 서로 편하게 얘기해보자."

내향적인 후배들과의 관계 맺기 방법

외향적인 사람들은 대인관계에 있어 큰 어려움이 없습니다. 이들은 에너지가 외부로 향하고 있기 때문에 다른 사람들과의 교류가 없으면 오히려 힘들어합니다. 반대로 내향적인 사람들은 에너지가 자신의 내부로 향해 있어 사람들과 관계를 맺는 것이 신나는 일만은 아닙니다. 우리가 흔히 낯을 가린다고 표현하는 것도 내향적인 사람들에게서 많이 나타나는데, 먼저 다가가거나 마음을 여는 것이 쉽지 않습니다.

또한 내향적이면서 사람과의 관계를 좋아하는 사람이라면 안정적인 것을 추구하는 사람입니다. 이런 사람들은 누군가와 갈등을 겪는 것을 좋아하지 않기 때문에 갈등 상황에 놓이면 매우 괴로워합니다. 이럴 때는 원만하게 해결되기를 바라는 마음을 표현하는 것이 필요합니다.

"네가 나랑 싸우는 걸 원치 않는다는 걸 나도 알아. 너랑 나랑 생각이나 성향이 다른 건 바꾸기가 어렵지만 일이 잘 되길 바라는 마음은 같잖아. 우리가 어떻게 하면 원만하게 해결할 수 있을지 얘기해보자."

괴롭다고 아무것도 하지 않으면 더 힘든 상황에 놓일 수 있습니다. 내가 할 수 있는 것이 무엇인지 찾아보는 것이 현명합니다.

업무 중심적이면서 내향적인 사람이라면 객관적이고 논리적인 근거를 중요하게 생각하는 분석적인 성향일 가능성이 높습니다. 무조건 후배의 주장에 대해 자신만의 판단기준으로 결정해버리고, 마음의 문을 걸어 잠그면 후배는 뚫고 들어가기가 어렵습니다.

또한 완벽주의 성향인 경우는 인간관계도 완벽하게 맺으려는 경향이 있습니다. 그러한 모습을 선배의 입장에서 볼 때는 융통성이 없어 보일 수 있습니다. 이럴 때는 후배를 있는 그대로 인정하는 것이 필요합니다.

"네가 작성한 보고서에서 제시한 근거가 틀리다는 게 아니야. 다만 네가 이 부분을 놓치고 있는 것 같아서 확인하고 보완하라고 말하는 거야. 완벽하게 하려는 네 마음은 이해해. 하지만 그렇게 시간을 들이다보면 내가 검토할 시간이 없으니까 되는 대로 해서 가지고 와봐."

90년생 후배들과 소통을 잘하기 위해서는 잘 들어주는 것이 무엇보다 우선입니다. 요

즘은 재밌게 말하는 사람이 단연 인기가 많죠. 욱하지 않는 감정조절도 잘해야 합니다.

상사에게 하는 것만큼 말이죠. 말할 때 눈 맞춰주고 고개 끄덕여주면 상대는 참 기분이

좋습니다. 상대를 배려하며 간결하게 말하는 것도 후배들이 가장 바라는 것입니다. 참

고로 '나 잘난 캐릭터'는 어딜 가도 환영받지 못한다는 것을 기억합시다.

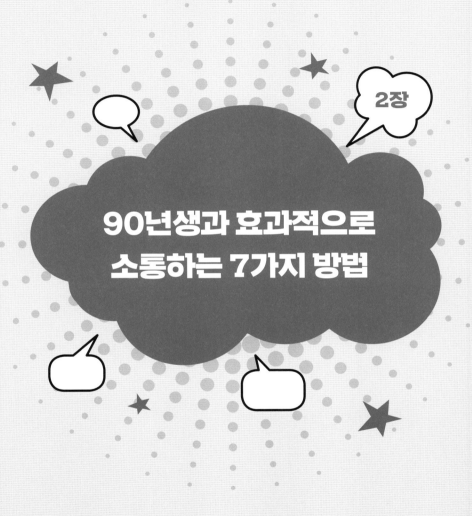

2장

90년생과 효과적으로
소통하는 7가지 방법

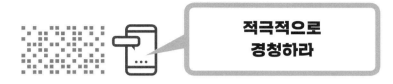

후배가 주로 사용하는 단어를 기억하고, 표정 등에 귀 기울여 보세요. 그러면 후배의 상황에 보다 공감하며 들을 수 있어요.

언어적 메시지 정확하게 듣기

소통할 때 경청이 중요하다는 것은 많은 사람들이 알고 있습니다. 동시에 가장 어렵다고 꼽는 것도 경청입니다. 경청은 상대방의 말을 열심히 듣는 것이죠.

경청이 왜 그렇게 어려울까요? 대화 도중에 순간순간 다른 생각에 빠지기 때문입니다. 저녁에 무엇을 먹을지, 내일 아침에 어떤 옷을 입을지, 오늘 할 일은 무엇인지 등을 생각하느라 머릿속이 복잡하죠. 이런 생각들이 집중을 방해하기 때문에 상대방의 이야기를 온전히 듣기가 어렵습니다.

직장에서 꼰대라고 생각하는 대표적인 유형이 상대방의 말을 듣지 않고 자기 의견만 고집하는 '답정너' 상사라고 합니다. 이러한 꼰대가 되지 않으려면 자신의 말수를 줄이고, 상대방의 이야기를 경청해야 합니다.

제가 진행했던 중간관리자의 의사소통 역량에 관한 연구에서 상사와의 의사소통과 부하와의 의사소통에 필요한 각각의 역량 중 유일하게 공통된 것이 바로 경청이었습니다. 누구와 소통하든 경청은 중요하다고 볼 수 있습니다. 우리가 말하고 듣는 것을 어떻게 배웠나 생각해보면 엄마와 아빠의 대화를 들으며 따라하는 것에서부터 시작했습니다. 듣는 것은 알아서 터득해야 하는 것이었죠.

『논어』의 '위정편'에서 보면 공자는 '예순 살'을 '이순'이라 불렀습니다. 이때부터 어떤 일을 들으면 웬만해서는 곧 이해가 된다는 뜻입니다. 즉 60세가 되어서야 잘 들을 수 있다는 의미입니다. 그만큼 듣는 것이 쉽지 않다는 거죠.

최현섭 등의 연구자들이 의사소통을 분석한 결과를 보면 듣기가 45%, 말하기가 30%, 읽기가 16%, 쓰기가 9% 순으로 나타났는데 의사소통에서 듣기가 차지하는 비중이 가장 큰 것을 알 수 있습니다. 추가 연구를 통해 의사소통 시 실제 듣는 시간을 측정해보니 60~70%에 달한다고 했습니다 .그 정도로 소통에서 듣는 시간이 많음을 알 수 있습니다.

그런데 정말 우리가 사람들과 대화하면서 듣는 시간이 절반 이상이나 될까요? 실제로는 서로 자기 이야기를 하느라 바쁘다는 생각이 듭니다. 우리는 경청을 위해 노력하고 훈련할 필요가 있습니다.

상대방의 이야기를 경청하려면 우선 그 사람이 하는 말을 왜곡하지 않고 정확하게 들으려고 해야 합니다. 가장 쉬운 방법은 그 사람이 사용하는 단어를 몇 가지 기억해보는 것입니다.

우리는 의식하지 못하지만 주로 사용하는 단어들이 있습니다. 우리는 그 단어를 내가 아닌 다른 사람이 말하는 걸 들으면 편안함을 느낍니다. "난 휴일에 북카페에 가서 책을 볼 때가 제일 행복해"라고 말하는 걸 듣고 "아~ 넌 책 읽는 거 좋아하니까 그때가 제일 좋은가보네"라고 말하면 상대방은 자신의 말이 절반 정도 전달되었다고 생각합니다.

듣는 사람이 이해한 대로 표현하는 것도 좋지만 되도록 상대방이 사용한 단어 그대로 표현하는 것이 좋습니다. 예를 들어 "아~ 넌 북카페에서 책을 볼 때가 가장 행복하구나"라고 말하는 것처럼 말이죠.

후배 : "전 여행 갔던 곳 중에 오스트리아가 제일 좋더라고요."
선배 : "맞아 맞아~ 나도 오스트리아가 제일 좋았는데 카페 갔었던 게 아직도 기억나~ 거기 또 가보고 싶다" : X
선배 : "아~ 그래? 오스트리아가 제일 좋았구나" : O

비언어적 메시지도 함께 읽기

국제경청협회에서는 '경청'을 '언어적·비언어적 메시지를 받아들여 의미를 구성하고 그 메시지에 반응하는 것'이라고 정의했습니다. 경청을 할 때 언어적 메시지 못지않게 비언어적 메시지도 중요하다는 것을 알 수 있습니다.

비언어를 연구한 앨버트 메라비언(Albert Mehrabian)은 의사소통에서 정보를 전달하는 데 있어 93%나 비언어적 요소에 영향을 받는다고 했습니다. 소통하는 상황에서 듣는 사람이 의식적이든 무의식적이든 언어적 메시지보다 비언어적 메시지를 더욱 신뢰할 수 있다는 것입니다.

『FBI 행동의 심리학』에서도 비언어 메시지가 말보다 정직한 몸의 단서라고 표현했습니다. 이렇듯 우리는 비언어적 표현을 상대방의 메시지를 해석하는 데 결정적인 단서로 여깁니다.

비언어적 메시지는 신체의 움직임을 통해 표현되는데, 우리가 가장 잘 볼 수 있는 것이 상대방의 표정입니다. 표정에는 그 사람이 느끼는 다양한 감정들이 담겨 있죠. 즐거운 이야기를 하면서 인상을 쓰진 않으니까요. 말은 거짓말을 하더라도 표정에서는 드러난다고 할 만큼 우리가 주의를 기울이면 상대방이 하고자 하는 말을 더 잘 이해할 수 있습니다.

특히 직장에서는 상사가 지시할 때 부하의 표정을 보면 상사의 말을 어떻게 받아들이는지 알 수 있습니다. 말은 "네, 알겠습니다"라고 하지만 표정은 "지금 이걸 다시 하라고요?"라고 말하고 있죠. 여러분이 이런 메시지를 읽었다면 마음을 다잡고 후배를 다독이면서 말해봅시다.

> "네가 공들여서 했다는 거 알아. 이왕 하는 거 좋은 결과물을 위해 한 번 더 확인해보자는 의미니까 꼼꼼하게 한 번 더 체크해봐."

객관적으로 후배의 상황 파악하기

객관적으로 상대방의 상황을 파악하기 위해 선행되어야 할 것이 있습니다. 바로 상대방에게 긍정적인 마음을 가지는 것입니다. 그래야 그 사람의 상황을 객관적으로 볼 수 있고 파악할 수 있습니다.

상대의 이야기를 들을 때 상대방이 나와 생각이 다르거나 그에게 부정적인 감정이 있을 때는 온전히 듣기가 어렵습니다. 계속해서 반박을 하고 싶기 때문입니다. "왜 그런 식으로 생각해?" "하여튼 듣고 싶은 대로 듣는다니까"라는 부정적인 말이 튀어나옵니다. 상대방의 생각이 틀렸음을 지적하면서 갑자기 자기 이야기를 늘어놓기도 합니다.

"아니. 그건 A보다 B가 더 좋아. 내가 예전에 해봤는데 그때는
이런 일이 있었고, 내가 이렇게 했었는데 결과가 이랬었거든.
아무튼 네 생각을 얘기해봐.": X

내 경험담을 말하려는 것이 아니라 후배의 이야기를 듣고자
하는 것임을 우리는 결코 잊으면 안 됩니다.

스티븐 코비(Stephen Covey)는 『성공하는 사람들의 일곱 가지
습관』에서 듣기 유형을 5가지로 나누었습니다. 다른 사람의 말을
무시하는 유형, 맞장구를 치면서 듣는 척만 하는 유형, 대화 중
특정 부분만 듣는 선택적 듣기 유형, 상대가 하는 이야기에 집중
해서 듣는 신중한 경청 유형, 상대방의 감정을 느끼기 위해 노력
하는 공감적 경청 유형 등입니다.

상대방의 상황을 이해하기 위해서는 신중한 경청과 공감적 경
청이 필요합니다. 상대방의 이야기를 집중해서 들으면서 그 상황
이 어땠는지 이해해보려고 노력하는 것이죠.

후배가 보고서를 기한 내에 끝내지 못한 상황에서 그 이유를
듣기 위해 대화를 하고 있다면 후배가 말하는 것이 모두 핑계라
고 생각해서는 상대를 이해할 수가 없습니다. 나라면 그렇게 하
지 않았겠지만 후배는 내가 아니므로 상대의 상황을 이해하려는
노력이 필요하죠.

그렇다고 후배의 말을 무조건 다 이해해줘야 하는 것은 결코

아닙니다. 이런 상황이 다시 반복되지 않도록 교정해주는 말도 함께 건네면 됩니다.

> "그래, 네 이야기를 들어보니까 너의 상황도 이해가 간다. 그래도 기한에 맞추는 것을 최우선으로 하면 좋겠다."

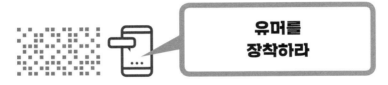

유머를
장착하라

사무실 분위기를 즐겁게 만들고, 유머감각을 키우기 위해
노력해봅시다. 유머러스한 인생관도 좋습니다.

즐거운 분위기 만들기

2000년대 이후 우리는 유머감각에 관심을 갖기 시작했습니다. 회사에서도 리더의 유머 활용을 강조하고 있고요. 구성원들도 유머를 사용하는 리더와의 소통을 더 편안하게 느낍니다.

그렇다고 꼭 유머만이 즐거운 분위기를 만드는 것은 아닙니다. '즐거움'의 사전적인 의미를 보면 '마음의 거슬림이 없이 흐뭇하고 기쁘다'는 뜻입니다. 이처럼 마음의 불편함만 없어도 우리는 즐거운 분위기를 느낄 수 있습니다.

아침에 출근하면서 밝은 얼굴로 후배들과 인사를 나누는 것도 좋은 방법입니다. 내가 들은 재미있는 이야기가 생각나면 가볍게 나눌 수도 있습니다. 물론 아재 개그가 될 수도 있지만요. 다만 단톡방에 매일 좋은 글이나 게시글에서 퍼온 재밌는 이야기 같은 글을 올리는 것은 절대 피해야 합니다. 그것이야말로 남들은 괴롭고 본인만 즐거운 분위기를 만드는 것입니다.

여유 있는 시간에 티타임을 하면서 구성원들의 이야기를 듣는 것도 즐거운 분위기를 마련하는 방법입니다. 이때 최대한 입을 닫고 후배들이 많이 말할 수 있도록 하는 것이 좋으며, 특히 막내의 이야기를 들어주는 시간을 가지면 좋습니다. 부디 그 자리가 선배의 이야기만 듣다가 끝나는 시간이 아니길 바랍니다.

맛집을 함께 찾아가는 것도 즐거운 분위기를 만드는 데 도움이 됩니다. 맛집을 찾아 식도락을 해보는 것도 괜찮죠.

즐거운 분위기를 만드는 가장 쉽고 효과적인 방법은 공통의 관심사를 가지고 이야기하는 것입니다. 같은 관심사에 대한 이야기라서 눈치볼 것도 없습니다. 운동이든 게임이든 여행이나 캠핑이든 좋아하는 것이라면 무엇이든 즐겁게 말할 수 있죠.

이때 후배가 본인보다 더 좋은 무언가를 하고 있다고 해서 질투해서는 안 됩니다. 그렇게 되면 즐거운 분위기는커녕 애매한 분위기로 이야기가 끝날 수도 있습니다.

"지난번에 네가 말해준 캠핑장 다녀왔는데 진짜 좋았어. 또 좋은 데 있으면 소개시켜줘. 최근에 어디 다녀온 데 있어?"

유머감각 키우기

유머감각은 타고나는 재능이자 강점입니다. 무슨 말만 하면 빵빵 터지게 만드는 사람들이 있죠. 많은 사람들이 이들의 유머감각을 부러워하고, 갖고 싶어 합니다. 웃고 장난치는 것을 좋아하는 사람이 유머감각을 타고났다고 볼 수 있습니다.

긍정심리학을 기반으로 강점검사를 만든 크리스토퍼 피터슨 (Christopher Peterson)과 마틴 셀리그먼(Martin Seligman) 교수는 유머감각이 있는 사람들은 다른 사람들을 미소 짓게 하는 것을 중요하게 생각하고, 모든 상황의 밝은 면을 보려고 노력한다고 말했습니다. 그렇다면 유머감각을 키우기 위한 방법은 구체적으로 어떤 것들이 있을까요?

가장 먼저 해볼 수 있는 것이 책으로 유머를 공부하는 방법입니다. 어디를 가서 배우기도 어렵다보니 주변의 기성세대들이 후배들과의 간극을 좁히기 위해 서점을 찾습니다. 진지한 사람이 유머책을 보고 재밌게 이야기해보려고 노력하는 것도 유머에 대한 감각을 익히기 위한 좋은 방법이라고 생각합니다. 다만 책은 책일 뿐입니다. 아재개그를 하면 갑자기 분위기가 싸해질 수 있다는 것도 기억해야 됩니다.

두 번째는 예능 프로그램을 자주 보는 것입니다. 예전에는 〈개그콘서트〉 클로징 음악이 월요병을 만드는 신호라고 하면서도 많은 사람들이 개그 프로그램을 시청했는데, 요즘은 워낙 재밌는 프로그램들이 많다보니 일부러 그 시간을 기다려서 보지는 않습니다.

그 밖에 다양한 예능 프로그램들이 방송되고 있고, 우리가 잘 알고 있는 연예인들이 꾸밈없는 모습으로 나와 평소처럼 대화를 나누듯이 리얼 예능을 찍는 경우가 많죠. 그 안에서 웃음도 주고 통찰도 안겨주는 프로그램들이 많습니다. KBS에서 방송하는 〈사장님 귀는 당나귀 귀〉라는 프로그램을 보면 꼰대처럼 말하는 리더들의 모습이 웃기기도 하지만 저런 말은 피해야겠다는 생각도 하게 됩니다.

유튜브 영상을 보다보면 자신을 망가뜨리며 웃음을 주는 유튜버가 많습니다. 함께 웃을 수 있다면 기꺼이 희생하는 털털한 모습도 가질 필요가 있습니다. 가끔은 선배가 이런 모습을 보여주는 것도 좋은 방법이라고 생각합니다. 자리의 무게감과 권위를 내려놓고 후배들과 함께 어울려 즐길 수 있는 노력이 필요하지 않을까요?

세 번째는 자신의 경험담을 활용하는 것입니다. 유머감각을 키우는 데 가장 좋은 방법입니다. 자신이 겪은 이야기를 풀어내기만 해도 재미를 선사하는 사람들이 있습니다. 자신의 실수가 사람들에게는 유머로 다가갈 수 있어서 친근하기도 하고, 재밌게 말하는 방법도 터득하게 됩니다. 스토리텔링만 잘해도 정말 재밌는 사람이 될 수 있습니다.

"새 중에 가장 빠른 새는? 눈 깜짝할 새! 하하하. 안 웃기구나. 내가 좀 더 노력해볼게."

자신의 유머스타일 찾기

마틴(Martin)등의 학자들은 유머를 사용하는 목적이 자신에게 있는지 아니면 타인에게 있는지, 유머의 내용이 심리적 건강에 도움이 되는지 아니면 해로운지에 따라 유머를 사용하는 스타일을 4가지 유형으로 나누었습니다. 4가지 중에서 자신의 유머 스타일을 한번 찾아보세요.

첫째, 관계적 유머 스타일입니다. 이 스타일은 다른 사람에게 초점을 두고 유머를 하는 경향이 있습니다. 다른 사람을 즐겁게 하고, 유머를 사용해 상대를 편안하게 해서 관계를 촉진시키기 위한 유머를 선호합니다. 재미있는 이야기나 농담을 하거나 장난을 치면서 서로 간의 긴장을 줄이기 위해 노력합니다.

둘째, 자기 고양적 유머 스타일입니다. 이 스타일은 자신에게 초점을 두기 때문에 스트레스로부터 자신을 보호하려고 하고, 어떤 상황에서든 즐거움을 찾으려는 경향을 가진 사람들이 사용합니다. 보통 유머러스한 인생관을 갖고 있거나 역경이나 스트레스 상황에서도 유연하게 대처하려고 하는 유형입니다.

또한 부정적인 정서를 최소화하기 위한 방어기제로 유머를 사용합니다. 유머를 많이 사용할수록 우울이나 불안, 신경증과 같은 부정적인 정서는 줄어들고, 개방성, 자존감, 심리적 안정과 같은 요인들이 높아진다는 연구 결과가 있습니다.

셋째, 공격적 유머 스타일입니다. 이 스타일은 다른 사람에게 초점을 두고 자신에게 이익이 된다면 타인을 공격하고 비하하는 유머를 구사합니다. 비웃음이나 야유, 조롱, 모욕적인 유머, 창피함을 느끼게 하는 풍자 등 부정적인 유머기술을 사용합니다. 상대방과의 관계를 저해하는 유머를 사용하면서까지 자신을 높이려는 경향성이 있습니다. 그러다보니 주변 사람들에게 마음의 상처를 주기도 하고, 사회적인 관계가 원활하지 않을 가능성이 높습니다. 이런 유머 스타일은 안 하느니만 못한 거죠.

마지막으로 자멸적 유머 스타일입니다. 이 스타일은 자신을 희생해서 다른 사람들을 웃기려는 경향이 있습니다. 자기 자신을 지나치게 비하함으로써 다른 사람을 즐겁게 하고 인정을 받으려는 유머입니다. 즉 상대의 환심을 사고 싶거나 인정받기 위해서 유머를 부적절하게 구사하는 것입니다.

보통 후배들이 상사의 마음을 얻고 싶어서 아부성 유머를 구사하는 것과 비슷한데, 지나치게 자신을 낮추고 스스로를 웃음거리로 만들어서 상대를 웃기려고 시도합니다. 이런 유머는 자기 안에 있는 부정적인 감정을 유머러스한 행동으로, 문제를 해결하려는 것이 아니라 회피하기 위한 행동이라고 볼 수 있습니다.

이 4가지 유머 스타일 중에 다른 사람에게 초점을 두고 상대를 즐겁게 하는 관계적 유머 스타일이나 유머러스한 인생관을 가진 자기고양적 유머 스타일을 스스로에게 잘 적용해보기 바랍니다. 유머도 노력하면 계발할 수 있습니다.

"<백상예술대상> 시상식에 참석한 방송인 홍진경은 은박지 혹은 우주복을 연상시키는 은빛 드레스를 입고 왔어. 레드카펫에 선 모습을 보고 남창희와 그리가 '남해안에서 막 걷어올린 자연산 갈치 같다'고 말하는 걸 보고 너무 웃겼거든. 시상식이 끝나고 유재석이 상을 못 받은 홍진경에게 와서 '오늘 되게 멋있다'며 '위에서 보니까 외계인 같더라'라고 말하더니 '너랑 세호랑 진짜 웃겼다'며 수상이 불발된 뒤에 분노하는 모습을 연출한 걸 칭찬하더라고. 그 말 한마디가 분위기를 살리는데 역시 유재석이라고 생각했지?"

부정적인 감정을 잘 조절하라

화를 다스리고 지금의 느낌을 설명해보세요. 후배의 행동에 대해 긍정적인 해석을 하면 반응이 달라집니다.

화 다스리기

선배 중에 자신이 가진 권한으로 후배들에게 부정적인 감정을 그대로 분출하는 경우가 있습니다. 특히 분노 감정이 대표적이죠. 물론 감정조절이 쉽지는 않습니다. 조절이 어려운 경우, 후배를 무시하기도 하고, 모욕을 주거나 비인격적으로 대하기도 하고, 위협적으로 표현하기도 합니다.

 이러한 부정적인 감정을 조절하는 방법에 대해 서울디지털대학교 이지영 교수는 『나는 왜 감정에 서툴까?』라는 책에서 다음의 16가지를 제시했습니다.

 먼저 감정조절에 도움이 되는 10가지 방법부터 살펴보죠. 주변 사람에게 조언 구하기, 친한 사람 만나기, 감정을 표현하고 공감 얻기 등의 지지추구적 방법이 있습니다. 또 수동적으로 생각하기, 즐거운 상상하기, 기분전환을 위한 활동하기 등의 주의분산적 방법, 그리고 능동적으로 생각하기, 문제해결 행동 취하기, 인지적으로 수용하기, 감정 수용하기 등의 접근적 방법이 있습니다. 가장 좋은 방법으로는 자신의 감정을 표현하고 공감을 얻는 것입니다.

반면에 감정조절에 도움이 되지 않거나 오히려 악화시키는 방법도 있습니다. 부정적으로 생각하기, 타인 비난하기, 타인에게 부정적 감정 분출하기, 안전한 상황에서 부정적 감정 분출하기, 폭식하기, 탐닉 활동하기 등입니다.

화가 나면 가장 많이 하는 행동인 술 마시기, 남 탓하기, 주변 사람에게 버럭 화내기 등 이런 방법들은 오히려 도움이 되지 않습니다. 지금도 우리는 화가 나면 먹고 마시는 것으로 이를 해소하려 합니다. 이런 방법이 오히려 건강만 해친다는 것을 알면서도 말이죠.

최근에 화가 나는 감정을 주체하지 못하고 극단적인 행동을 하는 것을 보고 '분노조절장애'라고 표현합니다. 우리나라에서 '분노조절장애'라는 단어를 쓰기 시작한 건 불과 몇 년 되지 않았습니다.

분노의 감정으로 인해 사건 사고가 많이 발생하면서 2015년

대한신경정신의학회는 이미 국내의 성인 절반 이상이 "분노조절이 잘 안 된다"고 호소했다는 조사 결과를 발표한 바 있습니다. 치료가 필요한 고위험군도 11%나 된다고 밝혔습니다. 특히 자신의 감정을 표현하지 못하도록 억압 속에서 자라온 40~50대 중년 남성에게서 두드러지게 나타난다고 했습니다.

여성들도 "한이 맺힌다"고 표현할 정도로 감정을 억제하는 것이 습관화된 경우 우울해도 우울하다 표현하지 못하고 그냥 지나치는 것이 문제가 됩니다. 이렇게 쌓인 분노가 짜증이나 불평, 불만으로 표현되는 것을 넘어서 폭식, 폭음, 탐닉 등의 문제행동으로 이어질 수 있고 이것은 결국 관계를 악화시키는 방향으로 갈 수 있습니다.

이러한 분노조절장애의 치료는 사소한 일에 불같이 화를 내듯 갑자기 치밀어 오르는 분노를 억제하지 못하는 자신을 돌아보고 인정하는 것에서부터 시작합니다. 스스로 부정적인 감정이 들었을 때 어떻게 해결하는지 잘 생각해보세요.

제 경우를 보면 화가 날 때 친밀한 사람을 만나서 이야기를 나누면 풀린다고 생각했었습니다. 그런데 이야기를 하고도 완전히 풀리는 느낌이 들지 않았어요. 제대로 저를 파악해본 결과, 저에게는 문제해결 행동 취하기가 맞는 방법이었습니다. 문제를 해결하기 위해 행동하고 나서야 부정적인 감정이 풀리는 것을 느낄 수 있었습니다. 내가 지금 어떤 방법을 사용하고 있는지 보고 완전히 풀리는 것 같지 않으면 10가지 중 자신에게 맞는 방법을 다시 찾아서 활용해보세요.

"(이해인 수녀님이 화가 날 때 하는 말) 보통 일이 아니네?"

비폭력적으로 감정 표현하기

연구자 아코프(Arkoff)에 따르면 언어로 감정을 표현하는 것은 감정조절 기술의 출발이 되고, 의사소통을 위한 대화법은 감정을 조절하는 데 반드시 필요하다고 말했습니다.

우리나라 연구에서도 여은진 박사는 감정조절에 대해 '자신의 감정을 알아차리고 언어로 표현해서 상황에 맞게 감정을 조절함으로써 감정적으로 자극이 되는 상황을 유연하게 대처하고 반응할 수 있는 능력'이라고 정의했습니다. 이는 자신과 상대방의 감정을 인식하고, 비폭력적인 언어로 서로의 감정을 표현하며 어떤 상황에서도 잘 대처하는 능력을 의미합니다.

비폭력대화는 미국의 임상심리학자인 마셜 로젠버그(Marshall Rosenberg)가 개발한 것을 우리나라에 적용하다보니 어색한 표현들이 있습니다. 낯선 표현일 수도 있지만 내가 느낀 느낌과 상대의 느낌, 내가 원하는 것 등을 말하는 연습을 하면 나의 감정을 가라앉히는 데도 도움이 됩니다.

주변 사람들에게 내 감정을 폭발시키는 것이 아니라 이해할
수 있게 설명한다고 생각해보세요. 상대방도 그러한 표현에 대해
자신을 비판한다고 여기지 않을 겁니다. 예를 들어 저는 '불편하
다'라는 단어로 부정적인 느낌을 표현하는데, "그 말은 제가 듣
기에 좀 불편한데요"라고 말하면 상대는 사과하거나 몰랐다고
하는 경우가 대부분이었습니다.

"9시까지 오는 게 맞는 거 아니에요?"
"네가 9시까지 오는 게 맞는 거 아니냐고 말하는 데(관찰) 내가
좀 불편하더라(느낌). 나는 우리 서로 싸우자고 한 말이 아니었
어. 네 입장에서는 원칙대로 하고 귀찮은 일이라고 생각할 수
있을 것 같다(상대의 입장). 나도 지금까지 그렇게 배워서 그게
익숙해졌나봐. 꼭 그렇게 하라는 건 아니야. 내가 원한 건 우리
가 즐겁게 일했으면 좋겠다는 거니까(나의 욕구)."

자동적 사고 경계하기

자동적 사고는 어떤 일을 경험할 때 자동적으로 드는 생각을 말
합니다. '자동적'이라는 말처럼 자신의 의지와 상관없이 떠오르
는 것입니다.

인지심리학자들은 개인이 가지는 생각에 따라 우리가 느끼는

감정이나 기분, 행동이 달라질 수 있다고 말합니다. 이 말은 우리가 느끼는 기분이나 행동들이 상황에 따라 결정되는 것이 아니라 상황을 해석하는 방식에 따라서 달라진다는 것이죠.

어떤 상황에서 떠오르는 생각이 중립적이거나 긍정적이면 심리적 문제는 발생하지 않습니다. 하지만 부정적이라면 심리적으로 혼란을 겪을 수 있습니다.

인지심리학자 아론 벡(Aron Beck)은 자동적 사고의 내용이 다음과 같은 3가지로 구분된다고 말했습니다. 첫째, 자기 자신에 대한 부정적인 견해입니다. 원인을 자신의 결함이나 부족함에서 찾으면서 자신을 평가절하하거나 스스로를 비난하는 경향을 나타냅니다. 둘째, 세상에 대한 부정적인 견해입니다. 자신의 목표를 달성하는 데 있어서 세상을 나에게 방해가 되는 장애물로 여기는 것입니다. 셋째, 미래에 대한 부정적인 견해입니다. 자신의 미래를 낙관하지 않으며 현재의 고통이나 어려움이 지속될 것이라고 생각합니다.

이러한 역기능적인 신념은 자신에게 벌어지는 일들에 대해 부정적인 도식을 심어줍니다. 부정적 사고는 역기능적인 신념과 높은 상관관계가 있어서 부정적인 면을 수정한다기보다 긍정적인 면을 강화하는 관점 전환이 필요합니다.

예를 들어 후배가 하는 말이 계속 못마땅하게 들리는 경우가 있습니다. 그때 화가 난다거나 짜증이 나는 부정적인 감정을 느긴다면 생각을 바꿔볼 필요가 있습니다. 즉 후배가 나에게 그 말을 한 의도를 생각해보는 것입니다. 기분 나쁘라고 한 말이 아니라 나를 염려해서 한 말인데, 내가 그 후배에게 기분 상하는 일이 반복해서 생기면서 그가 하는 말이 다 마음에 안 들었던 것입니다.

이렇게 생각을 해보면 감정이 좀 누그러질 수 있습니다. 이런 리스토리(Re-Story)작업을 해보면 부정적인 감정이 긍정적인 감정으로 전환될 수 있습니다.

"네가 나한테 일을 참 쉽게 한다고 하는 말을 들었을 때는(부정적인 말) 좀 짜증이 나기도 하고 허탈하기도 했어(그 말에 대한 나의 감정). 난 내 나름대로 고생해서 하는 건데 쉽게 보는 게 싫더라고(그런 감정을 느낀 나의 해석). 네가 그런 말을 한 이유를 생각해보니 내가 좀 일을 빨리 하다보니 그렇게 보일 수 있겠다는 생각이 들었어(상대방이 그런 말을 한 이유). 그렇게 생각하니까 일을 잘한다는 말로 긍정적으로 이해하게 되더라고(상대방의 긍정적 의도에 기반한 새로운 해석). 그렇게 생각을 했더니 마음이 누그러지고 편안하게 볼 수 있더라(달라진 스토리로 느끼는 감정)."

후배에게도
겸손하라

후배를 동등하다고 생각하며 존중하는 마음을 가져보세요.
그와 함께 예의를 갖추고 배우려는 자세도 중요합니다.

모든 사람을 동등하게 대하기

보통 겸손이라고 하면 대부분 자신을 낮추고 상대를 높이는 것이라고 생각합니다. 사전적 정의를 살펴보면 '남을 존중하고, 자기를 내세우지 않는 태도가 있음'이라고 되어 있습니다. 어디에도 자신을 낮추라는 말은 없습니다. 그럼에도 불구하고 우리는 자신을 낮춤으로써 겸손해진다고 생각하는 경향이 있습니다. 겸손하려면 상대를 존중하는 마음만 가져도 되고, 잘난 척하는 마음만 없으면 됩니다.

민즈(Means) 등의 연구자들은 겸손한 리더의 경우 다른 사람의 가치를 높이 평가하는 것이지 자신의 가치를 낮추는 것이 아니라고 했습니다. 이들이 말하는 겸손은 자신의 강점이나 성과를 낮게 평가하는 것이 아니라 오히려 자신과 상대방에 대한 강점과 성과를 정확하게 인식하는 것입니다.

권력을 가지게 되면 구성원들의 가치나 기여를 평가절하하면서 모든 것이 자신의 능력으로 인해 성과가 난 것처럼 잘난 척하는 사람들이 있습니다. 그러나 자신에 대해 자화자찬하는 사람을 능력 있는 사람으로 인정하진 않습니다. 보통 훌륭한 사람은 주변 사람들이 인정하고 치켜세우죠.

겸손한 리더가 되기 위해서는 우선 자신을 정확하게 인식할 수 있어야 합니다. 스스로를 과대평가하고 있는 건 아닌지 점검해봐야 하는 것이죠.

겸손은 대부분의 종교에서 기본적인 신조로 다루고 있습니다. 그 이유는 겸손이 자기 자신에 대한 성찰뿐만 아니라 다른 사람에 대한 인정과 공감을 동반하기 때문입니다. 철학자 임마누엘 칸트(Immanuel Kant)는 겸손을 '도덕적 행위자로서의 인간이 자기 자신을 객관적으로 바라보기 위한 하나의 초월적 행동 요소'라고 말하며 인간이 갖춰야 할 덕목 중 가장 기본적인 덕목이라고 꼽았습니다.

심리학자 탱니(Tangney)는 겸손에 대해서 6가지의 긍정적인 관점을 도출했습니다. 자신을 정확하게 바라보는 것, 실수를 용납하며 약점을 흔쾌히 받아들이는 것, 새로운 아이디어와 피드백을 잘 수용하는 것, 자신의 능력과 업무 성과를 정확히 인식하는 것, 초월성을 인정하는 것, 다른 방식으로 세상에 공헌하는 사람과 사물의 가치를 인정하는 것 등입니다. 이뿐만 아니라 겸손에 대한 정의는 다양한 형태로 내려지고 있습니다.

겸손은 서양보다 동양에서 더 익숙하게 사용됩니다. 아무래도 동양 문화권은 사상적으로 유교나 도교 등의 영향을 받아서인데, 두 사상 모두 겸손에 대해 명확하게 가르치고 있습니다.

『태도의 말들』의 저자 엄지혜는 수평적인 대화가 가능한 사람으로 공학자 윤태웅 교수를 꼽았습니다. 이 책에서 꼰대가 되지 않으려면 어떻게 해야 하는지 묻자 윤 교수는 '성찰과 열림'이 필요하다고 답했습니다. 인터뷰한 내용을 그대로 옮겨보면 "성찰은 혼자 하는 것이지만 열림은 타인의 말에 귀를 기울여야 가능한 일. 평소 '젊은 사람들이 나보다 낫다'는 생각을 자주 한다고 했다"고 담겨 있습니다.

이제 '내가 너보다 위에 있다'는 태도로는 후배들과 대화하기 힘듭니다. 편안하고 원만한 관계는 더욱 힘들죠. 후배들을 나와 동등하다고 생각하면서 존중하는 마음을 가져보면 어떨까요?

"TV에서 한 고등학교 선생님이 학생들과 서로 반말을 하는 거야. 애들이 선생님한테 'OO야'라고 부르면서 말이야. 처음엔 충격적이었는데 그 선생님의 의도를 들어보니까 이해가 되더

라. 권위적인 느낌을 주고 싶지 않고 모든 사람은 평등하다는 걸 보여주고 싶었대. 우리도 너랑 나랑 경험의 차이만 있는 거지, 내가 위고 네가 아래라고 구분할 필요는 없으니까 우리 동등한 위치에서 서로를 바라보자.”

후배에게 예의 갖추기

우리나라는 동방예의지국이라는 미명하에 예의를 권하는 사회입니다. 보통 예의라는 건 아랫사람이 윗사람에게 갖추는 표현이라고 생각하는데, 예의라는 것이 꼭 상하관계에서만 지켜져야 할 것은 아닙니다. 최근 상사의 갑질과 괴롭힘으로 인해서 ‘직장 내 괴롭힘 금지법’이 시행되는 등 상사의 지시라는 이유로 행해진 부당함에 대해 후배들이 할 말 하는 사회가 되었습니다.

저도 지금 생각해보니 예의를 강요받으며 자랐다는 게 느껴집니다. 어렸을 때는 어른을 보면 웃는 얼굴로 인사를 해야 했고, 지금도 밥을 먹다가 나보다 어른이 무언가를 찾으면 엉덩이부터 들썩입니다.

그런데 후배와 밥을 먹으면서 제가 엉덩이를 들썩이진 않으니 저도 분명 위아래 구분을 하고 있는 듯합니다. 이렇게 윗사람, 아랫사람에 대한 생각과 행동들을 구분하다보니 자연스럽게 예의는 아래에서 위로 지켜야 할 것으로 생각했나 봅니다.

경인방송 원기범 아나운서가 한 칼럼에서 '공자는 바탕이 형식을 압도하면 거칠고, 형식이 바탕을 압도하면 태깔만 난다. 형식과 바탕을 잘 어울리게 해야 비로소 군자다'라는 말을 인용했는데, 이 말은 우리가 진심으로 위하는 마음이 있다면 적절한 예의를 갖추고 잘 표현해야 한다는 것입니다.

후배라고 무조건 수저를 놓고, 물을 가져올 필요는 없습니다. 가까이 있는 사람이 하면 됩니다.

"밥 먹으러 가서 네가 다 세팅할 필요는 없어. 가까이 있는 사람이 하면 되는 거지. 눈치보지 말고 밥 먹어?"

배우고자 하는 자세 갖기

2000년대 접어들면서 겸손은 리더에게 꼭 필요한 덕목으로 여겨지기 시작했습니다. 많은 연구자들도 빠르게 변하는 환경 속에서 조직을 이끄는 리더들에게 겸손이 더욱 중요해질 것이라고 예측했습니다.

조직이론가 칼 웨이크(Karl Weick)는 예측 불가능한 조직들이 나타나면서 21세기 리더들은 자만심을 줄이고 더 겸손해져야 할 것이라고 주장했습니다. 그 이유는 경영 및 산업 환경이 급변하면서 실무자들이 현장에서 접하는 생생한 정보에 귀를 기울이고 기꺼이 배우려는 자세가 더 요구되는 시대이기 때문입니다.

상대로부터의 피드백을 수용하고자 하는 열린 마음이 겸손한 리더를 만듭니다. 후배의 의견을 적극적으로 받아들이고 모르는 것은 배우려는 자세가 필요하죠. 이런 태도는 우리나라와 같이 수직적인 조직문화에서는 쉽게 가지기 어려운 태도입니다. 그러나 새로운 정보를 수용하려고 하고, 부족한 부분을 인정하며 배우려는 자세를 취할 때 후배는 선배에게 존경을 표합니다.

겸손한 사람은 다른 사람으로부터의 가르침이나 피드백, 조언 등에 대해 배움의 자세를 취합니다. 심리학자 탱니(Tangney)는 겸손을 충고를 받아들이려는 열린 마음, 배우고자 하는 열망이라고 말했습니다. 연구자 템플턴(Templeton)은 내재되어 있는 겸손은 열린 마음과 수용적인 태도를 지니고 있다고 했습니다.

조직에서도 늘 배우고자 하는 의지를 가지고 새로운 기술과 정보를 습득하고 받아들이며, 다른 사람들로부터 배우려는 자세를 가진 리더들이 점점 더 필요합니다. 겸손한 사람의 배우는 자세는 다른 사람의 의견을 겸허하게 받아들임으로써 더 큰 신뢰를 얻습니다.

"너는 진짜 빠르게 잘한다. 난 해도 잘 안 되더라고. 잘할 수 있는 방법을 좀 알려주라. 나도 좀 배우자."

표정, 시선, 제스처 등
비언어 표현을 신경 써라

평소 자신의 표정을 의식해보세요. 상대를 따뜻한 시선으로
바라보고, 적절한 제스처를 활용하면 호감형이 될 수 있어요.

무의식이 드러나는 표정 관리하기

비언어 표현 중 감정이 가장 잘 드러나는 것이 표정입니다. 따뜻한 사람은 표정에서도 그 품성을 알 수 있고, 경청할 때도 표정에서 감정이 드러난다고 합니다. 그만큼 표정은 대화에 있어서 중요한 요소입니다. 대화하면서 상대가 지루해하거나 피곤해한다는 것도 표정을 보면 알 수 있죠. 누군가가 기분이 안 좋거나 화가 난 것 역시 표정을 통해서 알 수 있습니다.

우리는 표정으로 드러나는 마음을 숨기는 포커페이스가 가능하다고 생각하지만 자신의 마음을 숨기는 것은 쉽지 않습니다. 계속해서 신경 쓰고 있을 수 없기 때문에 어느 순간 무의식적으로 표현될 수 있습니다. 특히 후배들은 선배의 표정 하나에 무척 예민합니다. 물론 그 정도가 예전보다야 덜 하겠지만 사람에 따라서는 그날 하루의 기분이 좌지우지되기도 합니다. 그만큼 표정 하나로 많은 정보가 오고가죠.

『FBI 행동의 심리학』에서 표정은 한 사람이 생각하고 느끼는 것에 대해서 의미 있는 통찰력을 제공한다고 했습니다. 물론 표정은 거짓으로 지을 수 있으므로 다른 비언어 행동도 함께 살펴야겠지만 표정만으로 그 사람이 느끼고 의도하는 것을 짐작할 수 있습니다.

예를 들어 스트레스를 받았을 때는 입술이 입속으로 말려들어가듯이 사라지는 모양이 됩니다. 무의식적으로 이런 행동을 하게 되는데, 이것은 부정적인 감정이 든다는 것을 생생하게 보여주는 것입니다. 또 한 가지는 입술이 안쪽으로 말리는 것과 동시에 양쪽 입꼬리가 밑으로 내려가는 모양이 된다면 스트레스를 받거나 걱정을 하고 있다는 뜻입니다. 감정이 가장 안 좋은 상황에서 나오는 표정이죠.

현재 여러분은 어떤 표정을 짓고 있나요? 내가 어떤 표정을 짓는지 의식하면서 사는 것 같지만 나만 모르는 표정이 있을 수도 있습니다.

제가 한 행사장에서 사회를 보다가 실제로 있었던 일입니다. 멘트를 하고 무대에서 내려와 강연을 한참 듣고 있는데 반대편에 있던 행사 담당자가 저에게 웃으며 "내용이 재미없죠"라는 메시지를 보낸 거예요. 그제야 제 표정이 어땠는지 알아차릴 수 있었습니다. 무언가에 집중하고 있을 때는 나만 내 표정을 모르고 있을 수 있습니다.

> "나이가 드니까 내 표정에 점점 관심이 없어지나봐. 우연히 사진에 찍히면 내가 맞나 싶다니까. 얼굴에 그 사람의 인생이 보인다는데, 내가 인상 쓰고 있으면 말 좀 해줘."

시선이 따뜻한 사람 되기

사람들은 자신의 시선이 상대에게 어떤 느낌을 주는지 잘 모릅니다. 상대가 어떻게 바라보는지 전혀 신경을 안 쓰죠. 대부분의 사람들은 상대를 무표정으로 바라보곤 하는데, 그때의 눈빛은 매우 차가울 수도 있고, 사납게 보일 수도 있습니다.

우리는 대개 표정만 신경 쓰기 때문에 입꼬리를 올려서 좋은 인상을 주려고 노력합니다. 하지만 안타깝게도 입꼬리를 올리는 것으로는 눈빛이 달라지지 않습니다. 부드러운 인상을 가진 사람들을 보면 눈빛이 선합니다. 그들은 상대를 볼 때 눈에 힘을 빼는 것이죠.

'마음의 창'이라고 하는 눈은 그만큼 다양한 감정과 생각의 신호를 보냅니다. 눈은 상당히 정직합니다. 눈을 맞추는 것만으로도 상대에게 관심이 있다는 표현이고, 자신의 매력과 친밀감을 표현하는 중요한 수단입니다. 좋아하는 것을 보고 있을 때 동공은 팽창합니다. 싫어하는 것을 보면 축소되고요. 이 동공은 의식적으로 통제가 불가능합니다.

연구자 클라인케(Kleinke)는 기부하는 실험을 진행했는데, 눈을 맞추며 기부를 요청하면 그렇지 않은 때보다 기부금이 더 많이 모였다는 연구 결과가 있습니다. 연구자 주디 버군(Judee Burgoon)은 눈맞춤을 하는 사람의 말이 그렇지 않은 사람보다 더 설득력이 있다고 주장했습니다.

그럼 이번에는 부정적으로 느껴지는 시선들을 하나하나 살펴보겠습니다. 먼저 내가 상대를 보며 눈을 부릅뜨고 있는 경우입니다. 눈을 깜빡거리지도 않고 뚫어져라 보고 있으면 상대방이 위압감을 느낍니다. 특히 그 상대가 선배라면 더 불편할 수 있죠. 눈으로 카리스마를 드러내기보다는 상대를 편안하게 바라보면 좋겠습니다.

두 번째는 무의식적으로 내려보고 있는 것은 아닌지 확인할 필요가 있습니다. 대화를 하다보면 내가 눈을 보지 않고 테이블로 시선을 보내거나 바닥을 향해 있을 때가 있습니다. 그러면 회피하는 느낌을 주기 때문에 신뢰를 주기가 어렵죠. 되도록 눈을 보려고 노력해보기 바랍니다.

세 번째는 눈 깜빡임이 잦은 경우입니다. 격앙되어 있거나 긴장된 상태에서 눈을 자주 깜빡이는 사람들이 있습니다. 특히 할 말이 생각나지 않을 때 나타나기도 합니다. 이런 경우는 시선을 한 곳에 고정하면서 생각하는 연습을 해보면 좋습니다.

네 번째는 안경을 쓴 사람들의 경우입니다. 안경 너머로 상대방을 바라볼 때가 있습니다. 이러한 모습은 나이가 들어 보이기도 하고, 특히 돋보기를 끼는 경우 자주 보이는 행동입니다. 이럴 때는 안경을 벗고 이야기를 나누는 것이 좋습니다.

다섯 번째는 상대를 보지 않고 다른 곳을 쳐다보는 사람들입니다. 집중을 하지 못하는 걸로 생각할 수 있어서 멍하게 한 곳을 바라보는 것은 피하는 것이 좋습니다.

여섯 번째는 턱을 들어서 시선을 아래로 향하는 경우입니다. 턱을 들면 시선이 아래로 내려 보는 것처럼 느껴져서 깔보는 인상을 줄 수 있습니다. 반대로 턱을 내리고 눈을 치켜뜨는 것은 째려보는 것처럼 보일 수 있으니, 이 두 경우 모두 턱을 바로 세우고 상대를 정면으로 보려고 노력해보면 좋습니다.

마지막으로 옆으로 흘겨보는 경우입니다. 안 보는 척하면서 보는 것으로 생각할 수도 있고, 감시하는 눈빛으로 여길 수도 있습니다.

가장 좋은 방법은 몸의 방향을 상대에게 향하도록 하고 후배와 마주보며 이야기하는 것입니다. 그러면 따뜻한 시선을 보낼 수 있습니다. 참고로 앉는 자리가 편안하기 위해서는 상대와 대각선 위치에서 마주보고 앉는 것이 좋습니다.

> "나는 순한 강아지 눈처럼 따뜻해 보이는 사람이 좋더라. 나도 그러려고 노력은 하는데 점점 눈에서 레이저 나올 때가 많은 것 같아. 그래도 나 차가운 사람은 아니다."

'제2의 말'인 손 사용하기

제스처를 할 때 대부분 손을 많이 사용하는데, 손짓은 그 자체가 제2의 언어라고 할 수 있죠. 손짓은 내가 말하고자 하는 것을 강조해줍니다. 상대에게 요구하는 의미도 있고, 약속을 하는 의미이기도 합니다. 호소하기도 하고, 위협하기도 하며, 간청하기도 하고요. 질문하기도 하고, 부정하기도 합니다.

손짓은 감정 표현도 하죠. 기쁨이나 슬픔 혹은 주저함 등을 나타낼 수 있습니다. 또한 손가락을 움직여서 숫자나 시간을 세기도 합니다. 이렇게 손을 다양하게 활용하다보니 부정적인 표현을 할 때 사용되기도 하는데, 손가락 하나로 상대의 기분을 상하게 할 수도 있습니다.

보통 중지만 내미는 것은 욕이라고 생각해 잘 사용하지 않는데, 요즘 휴대전화를 하면서 중지를 사용하는 분들이 있더라고요. 그렇게 습관적으로 평소에 잘 사용하다보니까 문서를 가리킬 때 그 손가락을 사용하기도 합니다.

검지라고 좋은 건 아닙니다. 지적질을 할 때 주로 사용하는 손가락이라 그것도 썩 기분이 좋진 않습니다. 물론 단순히 어느 손가락을 썼느냐보다는 말의 뉘앙스, 자세, 태도 등이 영향을 미칩니다만 한 손가락으로만 가리키는 것은 좋은 느낌을 주지 못합니다.

저는 엄지를 제외한 나머지 네 손가락을 붙여서 가리키는 것을 권합니다. 보고서를 가리킬 때도 마찬가지고요. 프레젠테이션을 하다가도 스크린을 손으로 가리킨다면 상대에게 손바닥이 보이도록 하는 것이 긍정적인 느낌을 줄 수 있습니다.

김연아 선수가 평창 동계 올림픽 유치를 위해 프레젠테이션을 했던 장면을 모두 기억할 겁니다. 은반 위에서도 다양한 손동작을 통해 자신이 전달하고자 하는 메시지를 표현한 그녀가 프레젠테이션에서도 손으로 강조하는 동작들이 있었습니다.

맨 처음 그녀가 한 제스처는 "여전히 조금 떨립니다"라는 말과 함께 엄지와 검지를 이용해 '조금'이란 의미를 강조하는 것이었습니다. 이어서 "여러분은 오늘 역사적인 결정을 하실 텐데요, 제가 거기에 작은 부분이나마 참여하게 되었습니다"라고 말할 때는 손을 가슴에 대며 자신이 이 자리에 서있는 이유를 강조했습니다.

마지막으로 "우리나라가 밴쿠버에서 14개의 메달을 땄습니다. 제 메달을 포함해서요"라고 말하면서는 검지로 자신을 가리키면서 자신감을 표현하기도 했습니다. 이렇게 중요하게 강조할 내용이 나올 때마다 다양한 손동작으로 심사위원인 IOC 위원들에게 평창의 이미지를 각인시켰습니다.

예전 사례이긴 하지만 제스처의 의미는 시간이 지난다고 변하는 것이 아닙니다. 그래서 정치인들도 제스처로 자신의 공약을 잘 표현합니다.

말을 하면서 제스처를 함께 사용하면 상대방이 그 내용을 더 잘 기억한다는 연구 결과가 있습니다. 그만큼 손을 활용한 제스처는 말하는 사람의 마음이 잘 표현됩니다.

저는 상대방의 이야기를 들을 때 귀에 손을 갖다대는 제스처를 종종 취합니다. 그러면 상대가 저의 제스처를 보고 조금 더 크게 말하게 되어서 저도 집중이 잘 되는 것 같아요. 여러분은 평소에 어떤 제스처를 사용하나요?

"나는 말하면서 손을 좀 많이 쓰는 것 같은데 강조하려고 쓰다 보면 계속 쓰고 있더라고. 내가 너무 많이 쓰는 것 같으면 좀 알려줘."

사소한 말과 행동으로
후배를 배려하라

쉽게 할 수 있는 배려행동과 유익한 언어기술을 익혀보세요.
후배들이 원하는 것은 매우 사소한 배려의 말과 행동입니다.

코칭 언어 사용하기

요즘 많은 사람들이 '코칭'을 받기도 하고, 배우기도 합니다. 저
도 '코칭'을 '스피치 코칭'이라는 말로 처음 접했는데, 최근에는
주로 1:1로 어떤 것을 배울 때 '코칭'이라고 부릅니다. 헬스에서
도 퍼스널 트레이닝을 줄여서 'PT코칭'이라고 하고, 위에서 말한
것처럼 스피치를 1:1로 배울 수 있는 개인 레슨 혹은 트레이닝을
'스피치 코칭'이라고 합니다.

한국심리학회 산하의 한국코칭심리학회에서 정의한 내용을
살펴보면 '코칭'은 20세기 말에 시작되어 급격한 성장을 이루고
있는 분야로 정상적인 사람들의 목표달성 및 문제해결, 성장을

돕는 과정을 말합니다. 코칭의 목적은 근본적으로 '인간의 변화'에 있으며, 심리학자들은 인간발달과 행동변화에 대한 잘 정립된 심리학 이론들을 코칭 과정에 적용시켜 그 효과성을 높이고자 노력해왔습니다. 그리고 마침내 2000년 호주의 시드니 대학에서 '코칭심리학'이라는 학문이 공식적으로 만들어졌습니다.

조직에서의 코칭은 '행복과 성장 추구'를 목적으로 리더와 구성원들이 대화를 하면서 진행합니다. 이런 코칭을 통해 자연스럽게 조직에 긍정적인 영향을 미치게 됩니다.

그럼 『해결중심단기코칭』에서 제안하는 조직 내에서 활용할 수 있는 유용한 언어기술을 몇 가지 익혀보겠습니다.

첫 번째, 전문용어 대신 알아듣기 쉬운 말을 사용하는 것입니다. 심리학에서 '지식의 저주'라는 표현이 있습니다. 내가 알고 있는 것을 다른 사람도 당연하게 알고 있을 것이라고 생각해 나타나는 인식의 왜곡을 말합니다.

미국 스탠퍼드 대학교에서 '지식의 저주'를 잘 보여주는 실험을 진행했습니다. 두 그룹으로 나눠서 그룹1에만 그 당시 잘 알려진 유행가를 들려줬습니다. 그리고 그룹2에게 손가락으로 책상을 두드려서 자신이 들은 노래를 연주하게 했습니다. 이때 그룹1은 그룹2가 얼마나 노래 제목을 맞힐 것인지 판단해달라고 했을 때 50%가 맞힐 거라고 예상했는데, 놀랍게도 그룹2에서는 2.5%만 제목을 맞혔습니다. 즉 그룹1은 자신에게 익숙한 노래이기 때문에 그룹2도 쉽게 알아맞힐 것이라고 생각한 것이죠. 이렇듯 업무적인 이야기를 나눌 때 리더들의 언어에는 전문용어가 상당히 많이 포함되어 있습니다.

저도 임원 코칭을 진행하거나 리더들과 이야기를 나누다보면 일상적인 이야기를 편하게 하다가도 업무적인 이야기가 나오면 굳이 안 써도 되는 영어를 사용하는 걸 자주 봤습니다. 전문용어나 외국어 대신 우리가 평소 말할 때 사용하는 언어로 말하는 것이 더 좋습니다.

두 번째는 '~대신에'라는 표현을 사용하는 것입니다. 어떤 일을 하다가 쉽게 포기하는 후배들이 있잖아요. "이건 예산이 부족해서" "이건 저희 팀 여건이 되지 않아서" "이건 요즘 전반적인 분위기상" 등 여러 이유로 일을 진행하기 어렵다고 하는 경우에 "어렵다고 포기하는 것 대신에 다른 방법은 없을까?"라고 말해보세요.

후배에게 대안을 생각할 여지를 주면 한 번 더 생각하지 않을까요? "너는 뭐든 다 안 된다고만 하냐?!"라고 윽박지르는 것보다는 이럴 때 '~대신에'를 사용하면 좀더 효과적입니다.

세 번째는 '그러나/그런데' 대신 '그리고/그러면'을 사용하는 것입니다. 우리가 사용하는 언어 중 상대방의 말을 부정하는 말들이 있죠. 바로 '근데'라는 표현입니다. 이런 말은 후배들의 창의성과 사고를 인위적으로 제한하는 것입니다. '그리고' 혹은 '그러면'이라는 말을 사용하면 후배가 한 일이나 말을 수용하고 거기에 내 의견을 덧붙인다는 의미를 갖습니다. 따라서 상대의 의견을 반박하거나 제한하는 것이 아니라 함께 발전시켜보자는 의미를 더하죠. 예를 들어 "네가 낸 아이디어도 좋다. 그러면 어떻게 조금 더 현실화할 수 있을까?"라고 말해보자고요.

네 번째는 협력적인 언어를 사용해 단정적이지 않은 말투로 말하는 것입니다. "그건 좀 아니지 않아?"라는 말보다는 "그럴 수도 있겠네. 조금 더 생각해봐"라고 말해보면 어떨까요? '아니다'와 같이 단정하는 표현은 상대를 불쾌하게 만들고, 의견 차이를 더욱 크게 느끼게 합니다. 후배의 말에 직접적인 공격이나 비판을 하지 않고도 더 많이 생각하게 할 수 있습니다.

"의견 잘 들었어. 그것도 좋다. 그러면 내 의견을 얘기해볼게."

대표적인 배려행동 익히기

배려와 관심은 신뢰에 중요한 영향을 미칩니다. 리더십을 연구하는 게리 유클(Gary Yukl)은 리더와 구성원 사이에 배려와 관심이 있으면 호의적인 관계가 형성되고, 그런 관계는 점점 서로에게 도움이 되어 신뢰감, 충성심 등이 높아져 결국 서로의 관계를 돈독하게 발전시키게 된다고 주장했습니다.

이런 관계에서는 신뢰와 존경심이 형성되면서 공식적인 관계를 넘어 상대에 대한 책임감이 높아지며 공동체 의식을 가지게 됩니다. 또한 리더와 구성원 간에 서로 배려하고 관심을 가지면 리더에 대한 신뢰도 높아지게 됩니다.

선배의 배려행동이 후배의 입장에서 보상이라고 생각이 되면 그것이 업무와 관련된 공식적인 배려행동이든, 업무와 관련이 없는 비공식적인 배려행동이든 신뢰를 높일 수 있습니다. 선배의 배려행동은 후배가 자신에게 주어진 발전의 기회라고 여기게 하고, 선배의 관심이라고 생각하면서 긍정적인 감정과 태도를 갖게 합니다.

리더십을 연구한 랠프 스토그딜(Ralph Stogdill)은 7개 산업에서 27개 조직에 근무하는 1300명의 리더와 3700명의 부하로부터 수집한 데이터를 분석한 결과 '선배가 후배에게 배려행동을 하는 경우 후배들이 만족한다'는 것을 발견했습니다. 여기서 말하는 배려는 선배가 후배들에게 관심을 보이며 친근하게 대하고, 도울 수 있는 부분을 지원하거나 복지에 신경 써주는 정도를 말합니다.

예를 들어 후배에게 호의를 베푸는 행동, 후배가 가지고 있는 문제에 대해 시간을 가지고 이야기를 들어주는 행동, 후배를 지원하고 지지하는 행동, 후배에게 큰 사건이 발생하기 전에 조언을 해주는 행동, 후배의 제안을 받아들이거나 후배를 자신과 동등하게 대하면서 자존감을 높여주는 행동, 후배가 수행한 업무에서 우수한 결과를 냈을 때 인정하는 행동, 후배의 직무만족을 강화할 수 있는 행동, 후배가 편안함을 느낄 수 있게 특별한 노력을 기울이는 행동, 후배가 선배에게 편하게 다가올 수 있도록 하는 행동, 후배가 제안한 것을 실행에 옮기거나 중요한 사항에 대해서 사전에 의논을 하는 행동 등을 말합니다.

반대로 선배가 후배를 배려하지 않는 행동을 살펴보면 다른 사람들 앞에서 비난하는 행동, 후배의 감정을 고려하지 않고 대하는 행동, 후배의 안전을 위협하는 행동, 후배의 제안을 받아들이지 않고 거부하는 행동 등을 들 수 있다고 다수의 연구자들이 밝혔습니다.

"네가 이번 해외 연수에 뽑히질 못해서 나도 아쉽더라. 좋은 기회였겠지만 연수 계획은 또 있으니까 그때는 준비를 더 잘해보자. 나도 도울 수 있는 만큼 도와줄게."

후배의 상황 이해하고 배려하기

흔히 우리가 "배려한다"라고 말하지만 실제로 구체적인 행동을 살펴보면 그 형태는 매우 다양하게 나타납니다. 선배에게 배려받은 경험을 떠올려보면 업무를 도와준다거나, 일찍 퇴근할 수 있게 해준다거나, 내가 한 실수를 선배가 책임져주는 등의 행동을 들 수 있습니다. 배려 행동을 한마디로 정리하면 후배의 상황을 선배가 이해해주는 것이라고 할 수 있습니다.

하나의 사례를 살펴보죠. 쌍둥이 아이가 갑자기 아파서 어린이집 선생님이 병원에 데리고 갔는데 아빠는 갈 수가 없고, 엄마도 오늘까지 마무리해야 하는 일이 있는 상황입니다. 선배가 이 상황을 알고 일찍 들어가라고 할 때 후배에게 말을 어떻게 하는 것이 좋을까요?

"애 엄마가 애를 먼저 챙겨야지. 이런 일이 맨날 있는 것도 아닌데 내가 대신 처리해줄 테니까 얼른 일찍 들어가."
"애들 많이 아프대? 걱정되겠다. 여기 일은 내가 대신 처리하면 되니까 얼른 가서 애들부터 챙겨. 애들도 놀랐겠다. 빨리 가봐."

선배의 마음은 똑같을 겁니다. 하지만 말 한마디가 참 다르게 느껴지죠?

아직도 당일 아침에 휴가를 내는 것은 허가해주지 않는 리더도 있습니다. 후배를 이해하고 배려하는 행동은 아닙니다.

한 TV 프로그램에서 직원이 아침에 출근을 했는데 기분이 좋지 않아서 부서장의 허가 없이 하루 휴가를 내야겠다며 사내 결재 프로그램을 통해 휴가신청서를 내는 모습이 나왔습니다. 요즘은 이렇게 처리하는 회사가 많아지고 있습니다. 그런데 아직도 휴가를 내는 이유를 일일이 알려 하고 제한하는 상사들도 있습니다. 후배들이 원하는 이해와 배려는 매우 사소한 말과 행동입니다.

"우리 휴가라도 마음 편하게 쓰자. 각자 일 있을 때 신청서 내고 쉬어."

명확하고 간결하게
지시하라

후배들은 명확한 지시를 원합니다. 장황한 TMI 대신 짧게
말해보고, 잘 들었는지 확인하는 습관을 들여보세요.

PREP기법 익히기

후배들이 선배에게 가장 바라는 것은 명확한 지시입니다. 애매
모호한 지시를 하게 되면 결국 자신들이 여러 번 일을 하게 되기
때문에 처음부터 확실하게 말해달라는 겁니다.

후배에게 명확한 지시를 하는 데 도움이 되는 논리적인 스피
치 방법을 알아보죠. PREP기법을 활용하면 쉽습니다.

PREP이란 Point, Reason, Example, Point의 앞 글자를 딴 것
입니다. Point는 내가 말하고자 하는 핵심 메시지를 뜻합니다.
Reason은 내가 말한 핵심 메시지를 뒷받침하는 근거입니다. 되
도록이면 3가지 정도의 이유를 드는 것이 좋습니다. 그 이유는

3가지를 말하면 사람들이 기억을 잘하기 때문입니다. Example 은 핵심 메시지를 잘 표현할 수 있는 사례를 말합니다. 내가 직접 겪은 이야기나 주변에서 들은 이야기 혹은 책이나 자료에서 본 사례도 괜찮습니다. 마지막에 나오는 Point는 앞에서 말한 핵심 메시지를 한 번 더 반복해주는 것입니다.

예를 들어보죠. 의사소통 교육과 코칭을 함께 하는 프로그램에 참여하고 온 후배에게 교육수료보고서를 받아보려고 하는 상황이라면 여러분은 어떻게 지시하겠습니까?

"이번 교육 보고서 가져와봐."

이렇게 말하면 후배는 보고서를, 내가 원하는 대로가 아니라 본인이 쓰고 싶은 대로 씁니다. 앞서 말한 것처럼 내가 원하는 내용을 앞과 뒤에 반복해서 핵심을 이야기하고, 왜 원하는지에 대해 상대가 납득할 수 있는 이유를 3가지로 들어줍니다. 그리고 자신의 사례까지 말해준다면 완벽한 지시가 아닐까요? PREP기법에 맞춰 이렇게 말해봅시다.

P: 이번 교육에서 너한테 가장 도움이 되는 내용이 무엇이었는지 정리해서 올 수 있니?

R: 교육이 시간만 채우는 게 아니라 너한테 실제로 도움이 되

었으면 좋겠거든. 2주라는 시간이 짧은 것도 아니니까 의미 있는 시간이 되었을 거라고 생각해. 동료나 선배들과 잘 소통할 수 있는 계기가 되면 더 좋지.

E: 나도 코칭을 받은 적이 있었는데 주입식 교육을 하는 거랑은 확실히 다르더라. 쉽진 않지만 나도 현실에서 적용해보려고 노력하고 있어.

P: 그래서 너도 이번 교육을 통해서 가장 의미 있었던 것이 무엇인지 정리해보면 좋을 것 같다.

간결하게 단문으로 말하기

말을 하면서 스스로 정리가 안 될 때가 있습니다. 이야기가 장황하게 길어지기 때문입니다. 말을 할 때 '주어-목적어-서술어' 형태의 단문으로 말하는 습관을 들이면 좋습니다.

예를 들어 "기획안은 기한이 촉박하지만 다음주 월요일까지 완료하도록 맞춰봅시다"라고 말하는 것보다는 "기획안은 다음주 월요일까지 완료해주세요"라고 말한 뒤에 "기한이 촉박하지만 맞춰봅시다"라고 말을 붙이면 됩니다. 더 할 말이 있다면 단문으로 계속 이어가는 거죠.

이렇게 간단한 문장으로 말하는 것을 연습하기 위해서 방송 뉴스를 보면 도움이 됩니다. 방송 뉴스는 화면이 함께 나오기 때문에 구구절한 설명이 필요하지 않습니다. 영상을 보면서 상황을 이해할 수 있기 때문에 문장이 간결합니다.

KBS 2TV 〈아침뉴스타임〉에 방송됐던 정지주 기자의 리포트 일부분을 보시죠.

"여름 아직 끝나지 않았습니다.

다이어트 의지 불타죠.

하지만 시원한 아이스크림에 맥주를 부르는 치킨.

여름 먹을거리 유혹에 다이어트는 늘 내일로 미루게 됩니다.

다이어트가 고민되시나요?

곤약으로 해결 가능합니다.

칼로리는 낮고 포만감을 주니 다이어트에 딱이죠.

곤약 만나러 충북 진천군으로 가봅니다."

이렇게 한 문장을 최대한 단문으로 구성하는 연습을 해보세요. 물론 위의 리포트에서는 조사가 대부분 생략되었습니다. 우리가 일상적으로 말할 때 완전한 문장으로 말하지 않는 경우가 많아서 불편하게 느껴지지는 않습니다. 기자들 중에서도 유독 단문을 선호하는 사람들이 있는데, 계속 보다보면 짧은 문장 구성에 익숙해집니다.

또한 요약을 잘 하기 위해서는 신문기사 중 칼럼을 요약해보는 것도 도움이 됩니다. 요즘은 칼럼도 A4 용지 한 장이 채 안 되는 분량이 많습니다. 먼저 내가 관심 있는 칼럼 하나를 선택합니다. 여기서 중요한 것은 외부 전문가나 기업가가 쓴 칼럼보다는 신문사에 재직 중인 기자나 논설위원이 쓴 칼럼을 보는 것이 좋습니다. 그들은 글을 쓰는 직업을 가졌기 때문에 문장이 깔끔합니다.

그런 후에 내가 고른 기사를 필사합니다. 깔끔한 문장을 베껴 쓰면서 그들의 문장력을 배울 수 있는 좋은 방법입니다. 필사가 끝나면 다시 한 번 기사를 읽어보면서 가장 핵심이 되는 다섯 문장을 뽑아봅니다. 이것이 요약하는 연습입니다. 여기서 그치지 말고 그 칼럼 주제에 대해 자신의 의견을 PREP에 맞게 한번 작성해보는 것도 좋습니다.

이렇게 글을 쓰다보면 자신의 생각을 정리하는 힘이 생깁니다. 이런 훈련을 하면서 단문으로 말하는 것뿐만 아니라 생각을 정리하는 힘도 기를 수 있습니다. 또한 자신도 모르게 말할 때 원고를 만들지 않더라도 즉석에서 말하고자 하는 말들이 머릿속에서 구성되기도 하고, 상대가 알기 쉽게 단문으로 말할 수도 있습니다.

말하기는 오직 연습만이 살 길입니다. 제가 가장 많이 하는 말이기도합니다. 계속 반복하다보면 어느새 나도 모르게 말하기가 편해집니다.

"오늘 너무 덥지? / 점심에 시원한 거 먹자. / 뭐가 좋을까? / 맛있는 거 추천해 줘."

후배가 들은 내용 확인하기

대화하다보면 내가 상대의 말을 잘 들었는지 긴가민가할 때가 있습니다. 이런 상황에서 여러분은 어떻게 하시나요? 상대에게 다시 물어보는 사람도 있고 대충 지레짐작해서 넘어가는 사람도 있습니다.

그냥 넘어가는 사람들을 보면 한참 지난 후에 다시 물어보기도 하고, 들은 적이 없다고 오리발을 내밀기도 합니다. 이렇게 되면 이야기한 사람은 있는데 들은 사람은 없는 경우가 발생하는 거죠. 내가 못 들었거나 이해가 잘 안 되면 상대에게 즉시 물어봐야 합니다.

인지심리학자들은 인간이 기억을 재구성한다고 합니다. 한 실험에서 피실험자들에게 몇 가지 단어를 들려주고 간단한 계산식을 풀게 했습니다. 그런 다음 몇 가지 단어를 제시합니다. 이 단어들 중에는 앞서 들려준 단어도 있고, 들려주지 않은 단어도 있었습니다.

사람들은 들려주지 않은 단어도 들었다고 확신에 차서 대답했습니다. 그 이유는 들려준 단어를 포괄하는 의미의 단어였기 때문입니다. 이렇듯 사람은 자신의 기억을 확신하지만 재구성할 수도 있다는 것을 꼭 기억해야 합니다.

"내가 잘 못 들었는데 한 번만 다시 말해줄래?"

이렇게 확인하는 것이 가장 안전한 방법입니다.

반대로 상대가 잘 들었는지 확인할 필요도 있습니다. 대화를 하다가 업무 지시로 연결되는 경우 나 혼자 말하고 넘어가는 것이 아니라 상대가 잘 들었는지 확인하는 것이 좋습니다. 후배를 의심해서라기보다는 정확한 일처리를 위해 확인하는 것이라고 생각하면 됩니다. "이렇게 해" 하고 끝내는 것이 아니라 내가 말한 내용이 잘 전달되었는지 확인하는 것이 좋습니다.

"우리 오늘 회의한 거 정리 한번 해줄래?"

우리 주변에 소통도 잘하고 인간관계도 좋은 사람이 있습니다. 유심히 살펴보면 긍정

적인 표현을 많이 합니다. 90년생이 가장 거부감을 갖는 조언보다 공감을 잘 해주고요.

일방적인 지시보다 질문하며 스스로 생각하게 합니다. 답정녀가 아니라 상대의 말에 반

응도 잘해주고, 칭찬도 진정성을 듬뿍 담아서 해줍니다. 이런 사람은 타고난 센스도 있

고, 무엇보다 상대의 입장에서 생각합니다. 이 정도면 우리도 소통과 관계라는 두 마리

토끼를 잡을 수 있습니다.

3장

90년생과 관계를 잘 맺는
7가지 대화법

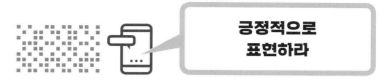

긍정적으로 표현하라

긍정적인 단어를 사용하며 감사 표현을 시도해보세요. 긍정적으로 생각하면 힘든 상황이더라도 잘 극복할 수 있어요.

긍정적인 단어 사용하기

우리 주변에는 어떤 일이든 긍정적으로 생각하는 사람이 있는가 하면, 사소한 일에도 발끈하며 부정적인 시각으로 세상을 바라보는 사람도 있습니다. 여러분은 둘 중 누구와 더 관계를 맺고 싶은 가요? 당연히 긍정적으로 바라보는 사람일 겁니다.

좋은 관계를 맺기 위해서는 긍정적인 면이 필요합니다. 1998년 긍정심리학이 탄생하면서 긍정심리학자들은 인간의 행복에 관심을 가지며 연구를 진행하고 있습니다.

『해피어』를 쓴 심리학자 탈 벤-샤하르(Tal Ben Shahar)는 어떤 상황에서도 스스로 행복을 만들어낼 줄 아는 사람이 있고, 천국에서도 단점을 찾아내는 사람이 있다며, 태도와 마음먹기에 따라서 모든 일을 좋은 쪽으로 바꿀 수 있다고 했습니다. 우리가 매일 말하는 한마디 한마디가 긍정적인 의미를 가지는지 한 번 점검해보면 좋겠습니다.

긍정심리학의 창시자인 마틴 셀리그먼(Martin Seligman)은 긍정적인 언어를 많이 사용하면 삶이 충만해지지만 부정적인 언어를 반복해서 사용하면 학습된 무기력을 보이고, 그 상태가 오래 지속되면 우울증으로 발전하게 된다고 말했습니다.

긍정적 언어 사용 프로그램 연구자인 최현숙은 긍정적인 언어는 곧 바람직한 언어라고 봐야 한다고 말합니다. 사람의 마음을 열고 긍정적인 기분을 느끼게 하며 긍정적인 생각을 할 수 있게 만드는 것이 언어라고 했습니다. 우리가 흔히 쓰는 부정적인 단어인 '근데' '아니야' '그게 아니고' '다만' '하지만' '그러나' '안돼' '하지 마' 등의 말만이라도 줄여보면 어떨까요?

"이번 한 주에 우리 팀에서 좋았던 일들을 정리해볼까?"

후배에게 감사 표현하기

긍정적인 리더는 구성원들이 잘한 일에 대해서 수시로 인정하고 감사의 마음을 전합니다. 구성원들의 강점과 약점을 잘 파악하고 있을 뿐 아니라 그들의 강점에 더 초점을 맞추고 그것을 인정하려고 노력하죠. 부족한 부분은 메울 수 있도록 학습의 기회도 제공합니다.

심리학자 로버트 에먼스(Robert Emmons)와 마이클 맥컬로(Michael McCullough)는 감사를 표현하는 사람들과 감사하는 마음을 표현하지 않는 보통의 사람들을 비교해본 결과 감사를 표현하는 사람들이 전반적으로 자신의 삶을 긍정적으로 수용하고, 삶에 대한 행복과 긍정적인 감정을 좀더 많이 느낀다고 밝혔습니다. 또한 감사를 표현하는 사람은 더큰 행복을 느끼고, 결단력 있는 행동을 하며 활력이 넘치고, 더 긍정적인 모습을 보였다고 말했습니다.

그럼 이렇게 긍정적인 효과가 있는 감사 표현의 방법으로는 어떤 것이 있을까요? 우선 가장 쉽게 시작할 수 있는 것은 감사일기를 쓰는 것입니다. 감사의 표현을 말로 하기가 쑥스러운 분들이 시도해보면 좋습니다. 감사일기는 하루 동안 가장 고마운 후배의 이름을 적고, 어떤 일로 감사했는지 적어보는 것입니다. 예를 들어 'OO 대리~ 너무 더운 날씨였는데 시원한 커피 사줘서 맛있게 먹었어~ 고마워'라고 쓰면 됩니다. 참 간단하죠?

두 번째는 감사목록을 적어보는 것입니다. 하루에 하나씩 일주일에 최소 5가지 이상을 기록하는 것인데, 목록을 적으면서 고마웠던 일을 떠올리며 그 때의 좋았던 감정을 한 번 더 느껴볼 수 있습니다. 이렇게 날마다 감사하는 습관을 들여보는 거죠.

세 번째는 직접 고마운 사람에게 가서 편지를 전해주는 방법입니다. 긍정심리학의 창시자인 마틴 셀리그먼 교수는 강의를 하면서 학생들에게 '감사방문' 훈련을 소개했는데, 자신을 도와준 사람들에게 감사하다는 편지를 쓰고 그 사람을 찾아가서 읽어주는 것이었습니다.

그 연구 결과 감사의 마음을 표현하는 사람과 감사의 인사를 받은 사람 둘의 관계에도 긍정적인 영향을 주었습니다. 요즘은 편지를 써서 직접 전달하는 것이 다소 어려울 수 있습니다. 그렇다면 메신저를 통해 고맙다는 말을 전해보는 건 어떨까요?

"명절마다 잊지 않고 안부 인사 해줘서 고마워~"

긍정적인 생각으로 전환하기

우리는 긍정적인 생각을 통해서 자신의 인생을 좋은 방향으로 전환하고 성장시킬 수 있습니다. 전남대학교 심리학과 노은영 교수는 사람들은 자신이 처한 상황에 대해서 긍정적인 생각과 부정적인 생각을 하게 되는데 어떻게 생각하느냐에 따라서 우리의 정서와 행동에 엄청난 차이가 나타난다고 했습니다. 자신이 어떤 힘든 상황에 처해 있을 때 그 일을 긍정적으로 생각하면 힘든 상황이더라도 잘 극복할 수 있다는 것입니다.

긍정적인 사람은 어려운 상황에서도 감정적으로 대응하지 않고 그 상황을 분석하면서 긍정적인 방향으로 나아갈 수 있고, 좋지 못한 경험들도 되도록이면 긍정적으로 승화시키려고 노력합니다. 일을 할 때도 자신의 약점이나 부족한 점에 집중하기보다는 자신의 강점을 활용하고, 유리한 상황으로 대처할 수 있도록 애씁니다. 특히 리더의 긍정적인 생각은 개인의 성취뿐만 아니라 조직을 이끄는 중요한 사고방식입니다.

갈랜드(Garland) 등의 연구자들은 긍정 정서가 어느 순간 경험하는 짧은 정서지만 삶에서 지속적으로 성과를 만들어내는 데 기여한다고 밝혔습니다. 또한 긍정 정서가 친밀한 사람들과 일체감을 갖게 하고 신뢰성을 높이는 것을 확인했습니다. 이러한 긍정정서는 개인뿐만 아니라 대인관계에 있어서도 사고를 확장해 삶을 풍요롭게 하는 데 기여한다고 합니다.

부정적인 감정을 느끼는 것은 어떤 상황에서 부정적인 부분에 초점을 맞추어 생각한다는 것입니다. 부정적인 상황에서 벗어나고 싶다면 긍정적인 생각으로 전환하는 것이 필요합니다.

아주대학교 심리학과 이민규 교수는 『행복도 선택이다』에서 "우리를 불행하게 만드는 장애물을 만나면 우리는 둘 중 하나를 선택해야 한다. 장애물을 제거하든지, 아니면 우리 자신이 변해야 한다. 그러나 유감스럽게도 세상은 우리를 위해 절대로 변하지 않는다. 따라서 삶이 불만족스럽다면 우리 자신이 먼저 변해야 한다"라고 말했습니다. 불쾌한 기분이 들면 그것은 불쾌한 생각을 했기 때문이라는 것입니다.

부정적인 감정에서 벗어나는 방법은 부정적인 생각을 멈추고 긍정적인 생각하기를 선택하면 됩니다. 후배들 중에 유난히 부정적인 감정을 일으키게 하는 사람이 꼭 있죠. 그 후배를 보면서 부정적인 감정을 느낀다면 나만 손해입니다. 그 후배에 대해 긍정적인 생각을 한다면 긍정적인 감정으로 바뀔 수 있습니다.

"(매번 마감을 지키지 못하는 후배에게) 완벽하게 하려다보면 시간 맞추기가 쉽지 않지. 그래도 네가 작성한 보고서는 내가 확인하지 않아도 될 정도로 정확해."

조언하기보다는 인정하며 공감하라

후배의 마음을 함께 느끼고, 후배의 행동을 존중하면 갈등이 줄어요. 불쾌한 말을 들었다면 내 마음을 잘 전달해보세요.

후배의 감정에 관심 갖기

공감은 상대에게 관심을 가지는 것에서부터 출발합니다. 상대가 지금 어떤 기분인지, 어떤 감정을 느끼고 있는지 헤아려보는 것이죠.

여러분은 '공감'과 '동감'을 구분하나요? 흔히 많이들 헷갈려 합니다. '동감'은 내가 경험한 걸 후배도 경험할 때 '내가 느꼈던 감정을 느끼겠구나'라고 짐작하는 것입니다. 내가 느껴봤기 때문에 후배의 감정을 알 수 있는 것이죠. '공감'은 거기서 조금 더 나아가서 내가 느껴보지 못한 감정이지만 '이런 감정일까?' 하며 추측해보고 이해하려고 애쓰는 것입니다. 이렇듯 공감은 쉽지 않은 일입니다.

그래서 흔히 우리는 "나는 왜 이렇게 공감이 안 되지?"라고 해야 할 것을 "나는 쟤를 이해할 수가 없어"라고 표현하기도 합니다. 사실 이해하는 것은 머리로 하는 것이지만 후배가 느낄 것 같은 감정을 추측해보는 것은 마음이 합니다. 공감능력을 타고나지 않았다면 어려운 것은 당연한 일입니다.

그래도 부딪쳐보자고요. 후배의 감정에 관심을 갖고 이런 감정, 저런 감정을 추측해보면 됩니다. 후배에게 "혹시 무기력하게 느껴지는 거야?"라고 물어봤는데 아니라고 할 수 있습니다. 그러면 "어떤 느낌인지 한 번 말해줄래?"라고 물어보면 됩니다. 내가 느껴보지 못한 감정이니까 헛다리를 짚을 수 있잖아요.

이 때 후배가 감정을 말하면 잘 느껴보는 것이 중요합니다. "그때 그런 감정을 느꼈구나"라고 이해하면서 후배가 느낀 그 감정에 몰입해봅니다.

여기서 중요한 것은 "○○구나"라는 말이 형식적으로 들릴 수 있으므로 우리가 평소에 쓰는 어투로 말해야 합니다. "네가 많이 힘들었구나"라고 하면 영혼 없이 그냥 하는 말처럼 들릴 수 있습니다. "많이 힘들었겠다"라고 평소 말하듯 담담하게 표현하는 것이 진심으로 느껴져 위로가 됩니다.

만약에 내가 한 번도 느껴보지 못한 감정을 후배가 말한다면 "난 그런 감정을 느껴본 적이 없어서 잘 모르겠다"라고 말하기보다는 "그런 감정이 들었을 때 어떻게 했어?"라고 감정에 따른 행동에 관심을 갖는 것도 좋습니다. 후배가 말한 상황을 상상하면서 그 감정을 느껴보려고 애쓰는 것이 바로 공감입니다.

> "너희는 주말부부라 평일에 혼자 아이를 돌보기가 쉽지 않겠다. 힘들진 않아?"

후배의 사고방식에 공감하기

요즘 가장 많이 하는 말 중에 하나가 "요즘 애들은 왜 그러는지 모르겠어"가 아닐까 싶습니다. 세대 간 환경의 차이나 문화의 차이로 인해서 서로를 이해하거나 공감하지 못하는 일이 자주 발생합니다.

기성세대가 바라본 90년생의 대표적인 생각들을 보면 '자기 일만 한다' '워라밸을 위한 정시 퇴근은 필수다' '별 생각 없이 산다' '목표가 없다' 등을 들 수 있습니다. 이런 행동을 보고 '쯧쯧'하며 혀만 찰 게 아니라 우리도 받아들일 것은 받아들이며 후배들의 행동에 공감하는 연습을 해보면 좋겠습니다.

먼저 자기 일만 하는 것은 우리가 만들어놓은 이기주의라는 생각이 듭니다. 90년생들을 보면 외동이거나 형제가 한 명인 경우가 많은데, 그만큼 그들의 부모들은 그들이 원하는 것을 해주려고 했을 겁니다. 90년생은 학교를 갔다 오면 학원을 몇 군데씩 다니느라, 친구들하고 노는 시간도 많지 않았죠. 그것보다 휴대폰을 가지고 노는 게 더 재밌었을 수도 있습니다. 그래서 아무래도 사회성이 부족한 부분이 있습니다.

얼마 전 MBC 〈공부가 뭐니〉 프로그램에서 전 마라토너 이봉주 선수 부부가 아들을 등교할 때 학교에 내려주고 하교할 때 데려오는 모습을 봤습니다. 전문가들은 그 모습을 보고 아들의 사회성에 대해 염려했습니다.

90년생들도 부모의 보호 아래 대부분 학교, 학원, 집을 오고가며 공부만 하다가 대학에 들어간 경우가 많습니다. 대학에서도 빠르면 1학년부터 취업을 준비하여 엄청난 경쟁을 뚫고 직장에 들어왔죠. 자신을 위해서 지금까지 살아온 이들이 자기 일만 하는 것은 어찌 보면 당연한 일이 아닐까 싶습니다.

두 번째로 워라밸을 위한 정시 퇴근은 이제 일상적인 일입니다. 50대 후반의 한 기성세대와 이야기를 나누는 중에 이런 말을 하더라고요. "요즘이 맞는 것 같아"라고요. 예전에는 상사 눈치 보느라 퇴근도 못하고, 어쩔 수 없이 책상 앞에 앉아 있다가 상사가 술 한잔 하자고 하면 "네" 하고 그냥 따라 가야 하는 때였으니까요.

이제는 광고에서도 '고(고생했다) 진(진짜 인정) 감(감사히) 래(래일 뵙겠습니다.)' 혹은 '오(오늘도) 매(매순간) 불(불태웠으니) 망(망내 먼저 가보겠습니다)'이라고 나옵니다.

　어쩌면 우리가 과하게 일하고 그게 당연하다고 교육을 받았다면 90년생들은 정시 퇴근이 당연한 것이라고 교육을 받았으니 그게 맞는 거죠. 그들의 행동을 지금의 사고방식으로 인정하며 공감해봐야 하지 않을까요?

"우리 다 같이 일찍 퇴근하고 쉬러 갑시다!"

악플에 공감하며 내 마음 표현하기

요즘은 부당한 일이 있거나 자신이 불쾌하게 느꼈을 때 휴대폰 앱을 통해 같은 세대들끼리 이야기하며 위로를 받습니다. 그로 인해 각 회사에서 자행되는 불편한 진실들이 많이 드러났죠. 이런 것을 통해 부당한 것이 시정되고 개선될 수 있는 것은 좋은 점입니다. 다만 회사뿐만 아니라 상사에 대한 이야기들도 심심치 않게 떠돌고 있는데, 그 대상이 나라면 어떨까요?

　상대가 부정적인 감정을 느끼고 있을 때 나도 같이 부정적인 표현을 하게 되면 갈등 상황이 됩니다. 그것보다는 그들의 마음도 이해해보려고 노력하고, 내 마음도 제대로 표현하는 것이 갈등을 예방하는 길입니다.

　JTBC2에서 방송된 〈악플의 밤〉이라는 프로그램이 있었습니다. 말 그대로 악플이 많은 연예인들이 나와서 그 악플들을 직접 읽으며 인정할 부분은 인정하고, 부당하다고 생각되면 부인하거나 해명하는 모습을 볼 수 있었습니다. 그야말로 직면을 통해 마음의 상처까지 치유하는 것이라고 생각합니다.

출연자 중 최현석 쉐프의 경우 악플에 대해 "No 인정"이라며 자신의 의견을 명확하게 밝히는 모습이 참 당당해보였습니다. 또한 자신의 악플러를 "대부분은 나를 잘 모르고 댓글을 다는 사람"이라고 표현하는 것이 인상적이었습니다.

우리도 후배와의 찜찜한 관계를 털어내기 위한 방법으로 후배의 불편한 마음에 공감하면서 내 마음을 솔직하게 표현해보면 어떨까요?

"내가 좀 직선적이라 돌려서 말을 잘 못해서 네가 불편해한다고 들었어. 나도 잘 말하고 싶은데 그게 잘 안 돼서 항상 말하고 나면 후회하는데 바꾸는 게 쉽지가 않네. 대화법 책도 사보고 감정조절하는 것 때문에 심리상담도 받아봤거든. 나도 더 노력해볼 테니까 마음 풀고 같이 다시 잘해보자."

지시하기보다는
질문하라

어떤 질문을 할지 미리 준비하고 부드러운 어투로 질문해보
세요. 질문기술을 익히는 것도 좋습니다.

질문을 할 때 어투 주의하기

질문과 관련된 책들을 보면 이런 내용이 꼭 나옵니다. "네" 혹은
"아니요"라고 답하게 하는 닫힌 질문보다는 상대가 자신의 의견
을 말할 수 있도록 열린 질문을 하라고 말이죠. 또 '왜'라는 말 대
신 '어떻게'라는 단어를 넣어서 질문을 하면 문제해결이 될 거라
는 건데, 그야말로 이론적인 이야기입니다.

우리가 알고 싶은 것은 구체적으로 '어떤 열린 질문을 해야 하
는지, 어떤 내용을 물어보는 게 좋은지'입니다. 이런 것에 과연
정답이 있을까요? 질문은 상황에 따라서, 상대가 누구냐에 따라
서 달라지는 것이니까요.

이보다 더 앞서 생각해야 하는 것은 좋은 의도를 가지고 질문하는 것입니다. 그래야 상대에게 고운 말을 할 수 있습니다. 공격적인 질문을 하면 공격적인 답변이 돌아옵니다. 그래서 우리가 신경 써야 할 점은 질문을 할 때 상대에 대한 호기심이나 궁금증을 가지는 것입니다. 그래야 호의적인 어투로 물어볼 수 있습니다.

질문을 많이 하는 상황을 떠올려보면 청문회가 생각납니다. 청문회라고 하면 고성을 지르면서 물어보거나 혹은 차분한 어투로 다독이면서 물어보는 상황이 그려집니다. 그 차이는 무엇일까요? 상대에게 부정적인 마음이나 편견 등이 있으면 아무래도 질문이 다소 거칠어질 수밖에 없습니다.

나의 속마음은 어투로 드러납니다. 삐딱한 마음을 가지고 물어보는 것인지, 관심을 가지고 진짜 궁금해서 물어보는 것인지 말이죠. 정리해보면, 질문에는 이론이 필요한 것이 아니라 상대를 향한 호의적인 마음이 먼저입니다. 단순히 '어떻게'라는 단어를 쓰는 것이 중요한 것이 아니라 부드러운 어투로 질문을 하는 것이 중요합니다.

"어떻게 하면↗ 우리가 이번 프로젝트를↘ 잘 마무리 할 수 있을까?↗"

상황에 맞는 질문하기

여러분은 뒤통수를 세게 얻어맞은 것 같이 멍하게 만드는 질문, 즉 허를 찌르는 질문을 받아본 적이 있나요? 그런 질문은 우리를 깊이 생각하게 만듭니다. 평소에 생각하지 못하거나 놓치고 있었던 것들을 떠올리게 되죠.

연구자 벤자민 블룸(Benjamin Bloom)은 질문 수준에 따라 분류 체계를 만들었습니다. 즉 질문할 때의 사고 유형을 지식, 이해, 적용, 분석, 종합, 평가 등의 6단계로 분류했습니다.

먼저 '지식'은 단순히 기억을 떠올리는 수준이고, '이해'는 비교를 하면서 정보를 얻기 위한 질문 수준입니다. 예를 들어 '지식' 단계의 질문은 "이 프로젝트를 진행하기 위해서 이 분야에 대한 연구가 필요한데 OO이론에 대해 모두 알고 있나?"라고 물어보는 것입니다. '이해'는 "OO이론과 OO이론의 차이가 무엇인가?"라는 형태로 비교해서 정보를 얻는 방법입니다.

'적용'은 특정한 문제에 대해서 사실이나 원리 등을 물어보는 것이고, '분석'은 어떤 상황을 이해하고 정의하는 질문입니다. 예를 들어 '적용'은 "요즘 이슈가 되고 있는 이 문제에 대해서 팩트가 무엇인지 알고 있나?"라고 물을 수 있습니다. '분석'은 "세대 간의 의사소통 문제를 경제 환경의 차이에서 그 원인을 찾는데, 왜 그렇다고 생각하나?"라고 질문을 할 수 있습니다.

'종합'은 전체적인 사고를 위한 질문이며, '평가'는 추구하는 가치가 어떤 개념이나 생각에 가까운지에 관련된 질문입니다. 예를 들어 '종합'은 "큰 그림으로 볼 때 우리의 비전에 맞게 이 프로젝트를 진행하기 위해서 가장 먼저 무엇이 필요할까?"라고 물을 수 있습니다. '평가'는 "이번 프로젝트를 요즘 사람들이 추구하는 워라밸에 맞춘다면 어떤 쪽에 더 초점을 두어야 할까?" 정도가 될 수 있습니다.

우리가 주로 사용하는 질문은 '지식'이나 '이해' 정도에 머물러 있습니다. 이러한 질문의 수준을 높이게 되면 후배들이 고차원적인 사고를 하도록 도울 수 있습니다. 물론 이러한 분류만을 가지고 상대의 사고 수준을 논할 수는 없다는 비판도 있습니다만, 여기서 중요한 것은 질문의 수준을 떠나서 질문을 하는 것 자체가 쉽지 않다는 것입니다.

앞에서 말한 다양한 질문의 단계와 상관없이 엉뚱한 질문이나 대답하기 곤란한 질문을 해서 상대를 난처하게 하는 경우도 생깁니다. 맥락에서 벗어난 질문을 하거나 생각 없이 하는 질문은 준비가 안 된 것으로 여겨질 수 있으므로 질문을 할 때는 많이 생각하고 고민하는 것이 필요합니다. 후배가 그 질문을 통해서 숙고하고 배울 수 있도록 돕는 것이죠.

그러기 위해서는 질문을 자주 해보는 것이 좋습니다. 회의하기 전이나 대화하기 전에 먼저 내용을 파악하고 어떤 질문을 할지 준비해보는 것이 가장 좋겠죠?

"지금 상황에서 우리가 조금 더 신경 쓸 부분은 없을까?"

리더의 질문기술 익히기

리더들이 흔히 하는 실수를 살펴보면 답이 정해져 있는 질문, 습관적인 질문, 앞뒤 맥락 없이 하는 질문, 아는 척하기 위한 질문, 질문 자체를 이해하기 어려운 질문 등이 있습니다. 이런 질문들은 한 번만 더 생각하고 질문하면 막을 수 있습니다.

『애스킹』을 쓴 테리 파뎀(Terry. Fadem)은 이 책에서 다양한 질문법을 소개합니다. 그 중에서 우리가 잘 알고 있는 질문법인 개방형과 폐쇄형 질문을 살펴보겠습니다. 이중 폐쇄형 질문이라고 하면 어감상 좋지 않을 것 같은데, 오히려 더 효과적일 때도 있습니다.

예를 들어 여러 명에게 질문을 해야 하는 경우 "밥 먹었니?"라고 하면 전체적으로 "네" 혹은 "아니요"라고 대답할 수 있어서 편리합니다. "어제 잘 들어갔니?" 등의 의례적인 질문일 경우에도 "네" 혹은 "아니요"라고만 답을 들으면 됩니다.

개방형 질문은 일대일로 대화할 때 활용하면 좋습니다. 다만 단답형으로 답이 나오는 질문을 하게 되면 핑퐁게임처럼 서로 왔다갔다 질문하고 답하기만 반복하면서 대화는 진전이 없을 수 있습니다. 예를 들어보겠습니다.

선배 : "휴가는 어디로 갔다 왔어?"

후배 : "제주도요"

선배 : "누구랑 다녀왔어?"

후배 : "가족이요"

선배 : "며칠 동안 있었어?"

후배 : "2박 3일이요"

어떠세요? 뻔한 답이 나오거나 형식적으로 느껴집니다. 질문은 거의 취조 수준으로 느껴지지 않나요? 계속 이렇게만 주고 받다보면 서로 친밀함이 느껴지기보다는 의무적인 문답이 됩니다.

이럴 때는 "제주 가보니까 어땠어?"라고 물으면 후배가 여행하면서 느낀 점들을 이야기할 수 있습니다. 물론 질문기술도 중요하지만 우선 관심과 존중의 마음이 있어야 훈훈한 대화가 이어질 수 있습니다.

"이번에 자격증 땄다면서? 축하해! 언제 또 공부를 했어~ 나도 한번 해보려고 하는데 노하우 좀 알려줘~"

묵묵부답하기보다는
바로 반응하라

대화하면서 즉각적으로 반응하고, 영혼을 담아 리액션 해보세요. 반대 의견이 있다면 기분 나쁘지 않게 말해야 통해요.

즉각적으로 반응하기

여러분은 대화하면서 상대방의 반응에 신경을 쓰나요? 아마 대부분의 사람들이 신경 쓴다고 답할 것입니다. 반대로 내가 상대의 이야기를 듣고 있을 때 상대에게 반응을 잘 하는지 물어보면 바로 대답이 나오지 않는 사람들이 있습니다.

대화를 하는데 상대방이 눈을 맞추지도 않고 다른 곳을 본다거나 휴대폰을 보고 있거나 딴 생각을 하는 게 느껴진다면, 우리는 '내 말이 재미가 없나?'라는 생각을 할 겁니다. 상대방의 반응이 나의 말에 영향을 미치는 것이죠.

대화라는 것은 혼자 하는 독백이 아닙니다. 둘 이상이 이어가는 것인 만큼 대화하면서 상대의 말에 반응하는 것은 상대를 존중하는 마음이기도 하지만 어찌 보면 당연히 해야 하는 일이기도 합니다.

대화하면서 즉각적으로 반응하는 방법은 말하는 사람의 눈을 바라보는 것입니다. 상대의 눈을 쳐다본다는 것 자체가 이야기를 듣고 있다는 신호이기 때문에 편안하게 말할 수 있습니다. 다만 우리나라는 시선에 대해서 부정적인 통념이 있죠. 어른들의 눈은 똑바로 보면 안 된다고 배웠는데, 최근 들어서는 상대의 눈을 보면서 이야기하라고 하니까 적응이 되지 않는 사람들이 많습니다.

그래서 상대의 눈을 보는 것이 불편하다고 여기는 겁니다 .실제로도 대화하는 모습을 보면 상대의 눈을 보면서 말하는 사람이 많지 않은 것을 확인할 수 있습니다. 대부분의 사람들은 서류, 테이블, 천장, 바닥, 창밖 등 다른 곳에 시선을 둡니다. 그걸 보는 상대는 편안한 마음을 갖기가 어렵습니다.

후배와 대화할 때 이야기를 들으면서 눈을 보려고 노력하거나 고개를 끄덕이는 반응을 해보세요. 고개를 끄덕이는 것은 동의의 제스처입니다. '네 말이 맞아'라고 인정받는 느낌이 들어서 말하는 사람은 더 편안하게 말할 수 있습니다.

함께 대화를 나누면서 즉각적인 반응을 하지 않고 다른 생각을 하다가 갑자기 아까 한 말이 생각나서 "아까 그건 말이야"라고 반응을 하는 상대를 보면 당황스럽습니다. 다 지나간 이야기를 꺼내서 놀라기도 하고, 동의했다고 생각하고 넘어갔는데 다시 아니라고 이야기를 하니까 맥이 빠질 수도 있죠. 되도록이면 후배의 말을 집중해서 듣고 바로 반응하는 것이 좋습니다.

"아~ 그래~ 음~ 아~ 그랬겠다~ 그래서? 와~ 그 다음은?"

기분 나쁘지 않게 반대 의견 말하기

대화를 할 때 어떻게 반응하느냐에 따라서 그 효과는 달라질 수 있습니다. 말을 하다 보면 매번 "근데"라는 말로 시작하는 사람들이 있습니다. 상대방의 말에 동의하지 않음을 의미하죠. 들으면서 반박할 태세를 갖추는지도 모르겠습니다.

물론 상대방의 모든 말에 동의할 수는 없습니다. 이럴 때 부정적인 표현으로 말을 시작하게 됩니다. 그러다보면 상대방은 자신의 말에 대한 비판으로 여기면서 부정적인 감정을 갖게 됩니다.

이럴 때는 "그래, 네 말도 맞아. 내 생각은 이런 거야"라고 말하는 방법이 있습니다. 부정적인 표현을 사용하지 않고도 반대의 의견을 말할 수 있습니다. 『예스, 앤드』에서 보면 상대가 말한 상황을 그대로 받아들이면서 새로운 것을 덧붙이는 것이 가장 중요하다고 말합니다. 이렇게 활용해보세요.

후배: "저는 이번 기회에 A안을 추진해보면 좋겠다고 생각합
니다."
선배: "그래. 네 의견은 A안을 추진하면 좋다는 거지? 그것도
일리가 있다. 이번엔 내 의견을 한 번 들어봐봐. 나는 B안
을 추진하는 게 좋다고 생각해. 그 이유는 트렌드를 반영
할 수 있기 때문이야. 이건 어떤 것 같아?"

이렇게 말하면 후배가 들었을 때 자신의 의견을 무조건 반박
하거나 부정한다는 느낌을 주지 않기 때문에 갑론을박이 아닌
자유로운 토의가 가능해집니다.

『같은 말도 듣기 좋게』에서는 '근데' 대신 '한편으로 생각해보
면'이란 말을 사용하면 좋다고 권합니다. 문어체 표현처럼 딱딱
하고 어색하게 느껴질 수 있지만 이렇게 사용해보세요.

"한편으로 보면 B안도 생각해볼 수 있지 않을까?"

영혼 담은 리액션 하기

리액션은 상대의 말이나 행동에 공감한다는 표현입니다. 소통을
할 때 가장 중요한 것으로 리액션을 꼽는 사람들도 많습니다. 그
만큼 상대방이 내 말에 반응해주기를 원하는 것이라고 볼 수 있

습니다. 아무 반응이 없는 사람에게는 '벽에 대고 말하는 것 같다'고 느낍니다.

원활하게 대화하기 위해서는 어떤 반응이든 보이는 것이 필요합니다. 그러다보니 리액션을 해야 한다는 의무감에 어쩔 수 없이 대충 반응하는 사람들도 있습니다. 그럴 때 말하는 사람은 영혼 없는 리액션이라고 느끼게 됩니다.

소통의 어려움을 겪은 경험이 있는 사람들에게 이유를 물었을 때 영혼 없는 리액션이 포함되었습니다. 반응을 할 때는 내가 느끼는 대로 리액션을 하는 것이 좋습니다. 물론 부정적인 리액션은 줄이고 더 말하고 싶게 만드는 리액션이 필요합니다.

제가 가장 많이 권하는 리액션은 "아~"입니다. 너무 간단하죠? 조금 더 할 수 있다면 "잘했네"라는 인정의 표현이 있습니다. 조금 더 나아가서 "그래?" "그래서 어떻게 됐어?"라고 질문을 하거나 다음 이야기를 궁금해하는 리액션은 최고의 경지라고 볼 수 있습니다.

다만 대화에 있어서 리액션은 상대의 말을 잘 듣고 있다는 의미와 긍정하거나 인정하는 표현을 하는 것이지 평가를 하라는 말이 아닙니다. 상대의 말에 "이땐 이랬어야지" "저땐 저랬어야지"라고 하지 않도록 주의가 필요합니다.

흔한 부부싸움의 대표적인 사례가 바로 이런 것이죠. "오늘 있잖아. 내가 피자를 시키는데 글쎄 상담원이 나를 무시하는 것처럼 말하는 거야. 그래서 내가 너무 화가 나서 말이야…"라고 할 때 배우자가 "그땐 참았어야지" 혹은 "너는 그게 문제야" 등의 반응은 화를 불러일으킵니다.

이때가 바로 묻지도 따지지도 말고 "잘했어"라는 말이 필요한 순간입니다. "그래서 피자는 맛있게 먹었어?"까지 말하면 상대의 화도 한순간에 누그러뜨릴 수 있습니다.

사무실에서도 후배들에게 영혼을 담은 리액션을 해보자고요!

"잘했네~ 그래 그거 잘했다! 나였으면 그렇게 못했을 것 같은데 내가 다 속이 시원하다야."

質책하기보다는
칭찬하라

결과보다는 노력한 과정에 대한 칭찬을 해야 합니다. 후배
에게서 긍정적인 느낌을 찾아보고, 격려의 말로 표현해보세요.

후배의 행동 관찰하기

칭찬을 하라고 하면 "대단하다" "훌륭하다" "최고다" 등의 말을
합니다. 그 말을 들었을 때 상대는 인정받았다고 생각할 수 있지
만 동시에 다음에도 잘해야 한다는 압박을 받는다고 합니다.

이런 결과를 입증하는 연구가 있습니다. 스탠퍼드대학교의 캐
럴 드웩(Carol Dweck) 교수는 잘못된 칭찬이 한 사람의 인생을
실패로 이끌 수 있다는 사실을 밝혔습니다.

이 연구는 먼저 학생들을 두 그룹으로 나누어 문제를 풀게 했
습니다. 채점을 하고 난 뒤 캐럴 드웩 교수는 학생을 한 명씩 불
러서 칭찬을 해줬는데, 그룹마다 다른 칭찬을 했습니다. A그룹에

는 "넌 진짜 똑똑하구나"라고 그들의 능력을 칭찬했고, B그룹에는 "정말 열심히 공부했나보구나"라고 그들의 노력을 칭찬했습니다. 각각 다른 칭찬을 들은 두 그룹은 조금씩 다른 차이를 나타냈습니다.

첫 번째 시험에 대한 칭찬을 듣고 난 이후, 학생들에게 난이도가 좀더 높은 시험을 치르게 했습니다. 능력에 대한 칭찬을 받은 A그룹은 난이도가 높아질수록 힘들어했습니다. 이와는 반대로 노력에 대한 칭찬을 받은 B그룹은 90% 이상의 학생들이 더 어려운 문제에 도전하려고 했습니다.

왜 이런 차이가 나는 것일까요? 드웩 교수는 '마인드셋'의 차이라고 말했습니다. '고정 마인드셋'은 사람의 능력은 타고나는 것이고 고정되어 있으며, 노력으로도 한계가 있다고 생각하는 것을 말합니다. 반면에 '성장 마인드셋'은 사람이 노력을 통해 얼마든지 성장할 수 있다고 믿는 것입니다.

우리도 성장 마인드셋을 갖출 뿐만 아니라 후배도 성장 마인드셋을 갖도록 하려면 후배의 행동을 세심히 관찰하고 칭찬을 잘해주는 것이 필요합니다. 후배가 업무에 몰입하는 모습을 보인다든지 좋은 결과를 내기 위해 노력하는 모습을 보였다면, 결과와 상관없이 노력한 것에 대해 칭찬을 해주는 것이죠. 타고난 특성이나 일의 결과를 가지고 칭찬하기보다는 후배가 노력한 과정에 대한 칭찬을 하는 것이 더욱 동기부여가 됩니다.

"일 하나를 하더라도 참 신경 써서 하는구나."

"짧은 시간에 완성하기 어려웠을 텐데 끝까지 잘 마무리했네."

"열심히 노력한 만큼 네가 성장했다는 게 느껴진다."

긍정적인 느낌 찾기

칭찬은 좋은 점이나 착하고 훌륭한 일을 높이 평가하는 것을 말합니다. 그러다보니 평가하는 쪽으로 치우쳐서 "잘했다" "멋지다"와 같은 판단이 되기 쉽습니다.

우리가 칭찬을 듣는 입장에서 생각해볼까요? 내가 한 일에 대해 칭찬을 받는다는 것은 단순히 알아주는 것만으로도 좋을 때가 있습니다. 상대가 만족하는 것을 보면 내가 잘 한 것 같다고 여기기도 합니다.

평가의 단어가 아니더라도 내가 후배의 행동을 통해 어떤 느낌을 받았는지를 말로 표현해주면 후배는 이를 "잘했다"는 말보다 더 큰 인정과 칭찬으로 받아들입니다. 평소에 우리가 느낌 단어보다는 평가나 판단하는 언어 표현을 많이 하다보니까 느낌 단어들이 낯설기도 하고, 느낌을 말하는 것이 서툰 것도 사실입니다. 내가 지금 느끼는 느낌을 말하는 것도 어려워하니까요. 특히 업무 중심적인 성향의 사람들은 현재의 감정을 찾는 데 더 힘들어합니다.

이런 사람들은 내 느낌에 집중하는 것이 먼저입니다. 느낌 단어들을 보면서 내가 오늘 하루 동안 느낀 느낌부터 찾아보는 연습을 하는 것입니다. 하루를 마무리하면서 오늘 내가 느꼈던 느낌을 3~5개 정도 찾아보면서 느낌 단어에 적응해보세요.

"아침에 지하철에서 앉아 갈 수 있어서 편안했다."
"점심에 내가 좋아하는 쌀국수를 먹을 수 있어서 만족스러웠다."
"내일까지 꼭 마무리해야 하는 일이 있는데 진도가 잘 안 나가서 초조하다."

이렇게 내가 느끼는 감정부터 살펴본 다음에 상대방 행동으로부터 느껴지는 나의 감정을 확인하면 좀더 편안해집니다.

감정 표현들이 조금 익숙해졌다면 상대방의 행동을 관찰하고 그에 따라 나에게 느껴지는 감정들을 찾아서 표현해봅니다. 단순히 "잘했다!" "수고했다!"라는 말보다 선배의 마음이 잘 전달되지 않을까 싶습니다. 쑥스럽더라도 한 번 말해보자고요.

"○○아, 이번 일을 잘 처리해줘서 고맙다."
"네가 열심히 일하는 모습을 보니까 내가 안심이 된다."
"깔끔하게 보고서를 정리한 걸 보니까 만족스럽다."

격려의 말 더하기

내 느낌을 표현하는 일에 익숙해졌다면, 후배에게 격려하는 말을 더해서 동기부여를 할 수 있습니다. 격려는 용기나 의욕이 솟아나도록 북돋워주는 것이니까요.

보통 격려와 칭찬을 비슷한 것으로 생각합니다. 연구자 셸리 테일러(Shelly Taylor)는 격려와 칭찬이 다른 것이라며 그 차이를 여러 가지로 비교했습니다.

첫째, 격려는 모든 사람의 이익을 위해서 자극하는 것이지만 칭찬은 경쟁을 자극합니다. 둘째, 격려는 노력과 기쁨의 양에 초점을 맞추는 한편 칭찬은 수행의 질에 초점을 둡니다. 셋째, 격려는 평가를 거의 하지 않지만 칭찬은 평가 및 판단을 합니다.

넷째, 격려는 다른 사람을 해치지 않고 자기에게 관심을 갖도록 하지만 칭찬은 다른 사람을 희생하게 해서 이기심을 조장합니다. 다섯째, 격려는 구체적인 것을 강조하지만 칭찬은 개인의 전반적인 평가를 강조합니다. 여섯째, 격려는 시도한 사람들의 자기충족성과 독립성을 추구하지만 칭찬은 실패의 두려움을 조장하고 의존성을 촉진한다고 구분했습니다. 이제 격려와 칭찬이 다른 의미로 이해가 되나요?

심리치료사인 매내스터(Guy Manaster)와 코르시니(Raymond Corsini)는 아들러 상담가들에게 상담은 격려의 과정이라고 언급하면서 격려의 말이 자기존중감을 높이고 스트레스를 감소시킨다고 밝혔습니다. 격려가 중요하기도 하고 필요하다고 강조했으니 이제 격려의 말을 어떻게 하는 것이 좋을지 예를 들어 보겠습니다.

"〇〇아, 너한테 창의적인 업무가 쉽지 않은가보다. 나도 새로운 걸 생각해내는 건 쉽지 않더라고. 지금 네가 열심히 하는 것처럼 조금만 더 노력하면 좋은 아이디어가 나올 거야. 지금까지 잘했듯이 이것도 잘할 수 있어. 나는 너를 믿는다."

"넌 네가 쓰는 글이 좋아지고 있다는 것을 느끼지 못하겠지만 점점 좋아지고 있어. 지금도 넌 아주 잘하고 있어. 지금처럼만 하면 돼."

무례하기보다는 센스를 발휘하라

눈치 빠른 리더를 누구나 좋아합니다. 스몰토크로 어색함을
줄이고, 매너있게 행동하면 누구에게든 인기죠.

후배의 의도 파악하기

어떤 사물이나 현상에 대한 감각을 의미하는 센스를 우리나라
표현으로 하면 '눈치'입니다. 국어대사전에서 눈치의 의미를 다
음의 2가지로 정의했습니다.

하나는 '눈치가 없다'와 같이 '남의 마음을 알아차릴 수 있는
재주'이고, 또 다른 하나는 '가고 싶어 하는 눈치다'와 같이 '속으
로 생각하는 것을 겉으로 드러내는 태도'를 말합니다. 우리가 주
로 눈치라고 표현하는 것은 앞에 말한 의미처럼 다른 사람의 의
도를 알아차리는 것으로 많이 사용하죠.

'눈치'의 개념을 사회심리학적으로 정리한 최상진 전 한국심

리학회 회장은, 대인 관계에서 상호작용하는 사람들끼리 서로 본심을 직접 노출하기 어렵거나 꺼리는 상황에서 불분명한 단서나 왜곡된 정보를 보고 상대의 마음을 읽는 현상을 '눈치'라고 정의했습니다. 즉 상대방의 마음이나 분위기를 파악하고 그에 맞는 행동을 하는 것입니다.

이렇게 상대방의 생각이나 느낌, 기분 등을 파악하는 능력은 대인관계에서 없어서는 안 되는 중요한 특성입니다. 눈치 수준이 높을수록 얻을 수 있는 것이 많으며, 눈치가 있는 사람일수록 대인관계에서 인기 있는 사람으로 평가된다는 연구 결과가 있습니다.

사실 눈치는 후배가 선배의 눈치를 보는 것이 일반적입니다. 2018년에 제가 직접 연구한 상사와의 의사소통역량에서도 '의도파악'이라는 요인이 들어있는데, 여기서 말하는 의도파악은 눈치와 아부의 의미를 담고 있습니다. 즉 상사와 효과적으로 의사소통하기 위해서는 의도파악이 필요하다는 것입니다.

이러한 눈치에 대해서 요즘 90년생들에게 필요하다고 생각하는지를 물으면 필요하다고 여기는 사람들도 있지만 내가 왜 상사의 눈치를 봐야 하는지 의문을 갖는 사람들도 있습니다.

그렇다면 후배와의 의사소통에서는 어떨까요? 선배가 후배들의 의도를 파악하는 것은 대화에 도움이 됩니다. 눈치 빠른 선배는 후배가 어떤 의도를 가지고 있는지 바로 알아채고 다음 말을 준비할 수 있습니다. 반면에 눈치가 없는 선배는 후배가 아무리 대놓고 말을 해도 모르는 경우가 있죠. 눈치는 누가 알려주지 않습니다. 즉 눈치는 식스 센스이므로 자신이 후배에게 조금 더 예민해질 필요가 있습니다.

> "○○야. 오늘 집에서 무슨 일 있었어? 표정도 좋지 않고 약간 피곤해 보이는데 무슨 일 있어?"

가벼운 이야기로 시작하기

스몰토크란 작고 사소한 이야기를 나누는 것을 뜻합니다. 가벼운 대화라고 볼 수 있습니다. 정서적인 유대감을 높이기 위해 나누는 비공식적인 대화를 말합니다. 이름은 스몰토크지만 이야기를 나누다보면 깊은 관계를 맺게 만드는 원동력으로 작용하기도 합니다. 또한 심리적으로 편안한 상태에서 이야기를 하는 것이라 상대의 말을 선입견 없이 들을 수 있습니다.

저는 강의나 코칭을 시작하기 전에 스몰토크를 반드시 합니다. 낯선 분위기를 깨기 위해서도 좋고, 상대방에 대해 살짝 엿볼 수 있어 좋습니다. 여러분은 가벼운 이야기 주제로 어떤 것을 말하나요?

제가 가장 많이 하는 가벼운 이야기 중의 하나는 '최근 관심사'입니다. 이런 스몰토크가 좋은 점은 상대가 어떤 것에 관심이 있는지 알 수 있다는 것입니다.

　두 번째는 '먹는 것'에 대한 이야기입니다. 요즘은 사람들이 맛집을 많이 찾아다니잖아요. 그래서 동네마다 맛집으로 유명한 거리들이 꽤 많아졌습니다. 대표적으로 홍대에 '연트럴파크'라고 불리는 경의선 숲길이나 익선동 카페 골목, 블루보틀이 자리잡은 성수동 카페거리 등이 있습니다. 또한 이태원 경리단길을 시작으로 망원동의 망리단길, 최근에는 송파의 송리단길까지 서울 곳곳이 맛집과 카페거리로 유명한 곳들이 많아졌어요.

　맛집만 찾아다니는 유튜버도 있고, 인스타에서 추천하는 예쁜 맛집들이 많아서 일부러 찾아가는 사람들이 늘어나고 있죠. 인싸들이 즐겨 찾아서 유명해진 곳들만 찾아다니는 사람들도 있습니다. 이렇게 핫플레이스에 관한 이야기를 후배와 나누는 것도 좋습니다.

　세 번째는 '여행'에 관한 이야기입니다. 2018년 한국인 해외여행자 누계를 보면 2,869만 6천 명이었고, 2019년은 3천만 명을 넘을 것으로 예상되고 있습니다. 2008년에는 해외여행으로 출국하는 비율이 24.5%였는데 2018년에 55.6%까지 10년 동안 2배 넘게 훌쩍 뛴 것을 보면 해외여행 열풍이라고 해도 과언이 아닙니다. 특히 2017년까지의 통계 자료를 보면 20대 여자의 해외여행 경험은 40%가 넘었고, 30대는 남녀 모두 30% 넘게 경험했습니다. 그만큼 해외여행에 대한 관심이 많습니다.

직장인들은 내년 휴일까지 미리 계산해서 여행 계획을 세우고 비행기 티켓을 저렴하게 구입하는 사람들도 있습니다. 해외여행뿐만 아니라 국내여행도 요즘은 지자체마다 다양한 볼거리, 먹거리를 마련해 관광 상품으로 만들어놓아서 가볍게 주말에 떠나는 사람들도 많아졌죠. 이처럼 마음만 먹으면 떠날 수 있는 환경이기 때문에 여행에 대한 이야기는 가볍게 나눌 수 있습니다. 실제로 여행을 좋아하지 않는 사람도 기억에 남는 여행지에 대해 물으면 어렸을 때 갔던 곳이라도 말하더라고요.

가벼운 이야기로 책이나 영화 같은 것들도 이야기합니다. 이 주제는 생각보다 호불호가 있어서 관심 없는 사람들은 말하기 어려워하니까 참고해보세요.

다만 그야말로 스몰토크라는 것을 잊으면 안 됩니다. 꼬치꼬치 캐묻는 느낌이 들거나 무례하다고 여기지 않도록 주의하는 것을 잊지 마세요.

"요즘 건강식하는 식당들이 많아졌잖아. 혹시 홍대에 있는 OO 식당 알아? 내가 주말에 가봤는데 진짜 MSG도 없고, 튀기지도 않고, 설탕이나 버터도 안 쓴다더라고. 혹시 가본 데 중에서 추천해줄 만한 곳 있어?"

매너를 갖추기

매너는 우리나라 표현으로 하면 예의라고 말할 수 있습니다. 예의는 상대방이 나보다 윗사람일 때 표현하는 말로 볼 수 있는데, 앞에서 말한 눈치와 비슷하게 후배가 선배에게 갖추어야 하는 태도라고 생각하기 쉽습니다.

그럼 이렇게 생각해봅시다. 우리가 평소에 매너가 없다고 느끼는 행동들을 떠올려보면 지하철에서 내리지도 않았는데 밀고 들어오며 타는 사람, 식당에서 시끄럽게 떠드는 사람, 주문하려고 줄 서있는데 새치기 하는 사람, 길을 지나다가 옆 사람을 치고 가는데도 사과도 안 하는 사람 등 매우 다양합니다.

하루에도 몇 번씩 경험하기도 합니다. 이런 에티켓의 차원에서 본다면 매너라는 것이 꼭 후배가 선배에게 갖추어야 하는 것으로 여겨지지는 않습니다.

매너나 예의라는 의미가 우리나라를 비롯한 동양에서는 유교 사상을 바탕으로 수직적인 관계의 규범이라는 성격이 강한 데 비해 서양에서는 수평적인 대인관계에서의 규범을 의미하고 있어서 동서양의 차이가 있습니다. 그렇다면 우리가 후배들에게 갖출 매너는 어떤 것들이 있을까요?

얼마 전 잡코리아에서 '여름 휴가철 가장 싫은 오피스 비매너'라는 주제로 설문조사를 실시했습니다. 1위가 '휴가기간에 업무 관련 문의나 지시'를 하는 것이었습니다. 2위는 '이메일을 보내거나 단톡방에 소환하는 등의 불필요한 연락'이었습니다. 3위는 '업무 정리나 처리를 하나도 해놓지 않고 무책임하게 휴가 가기'였습니다. 뒤를 이어 "어디가? 누구랑? 뭐 할 거야?" 등 '꼬치꼬치 캐묻기'와 '휴가일정 승인 안 해주고 질질 끌기'가 차지했습니다.

요즘 여름철 근무복장에 대한 논란도 많습니다. 직장인 선정 여름철 꼴불견 근무복장 TOP3를 살펴볼까요? 남성과 여성을 구분해 조사한 결과를 보면 남성 직장인의 꼴불견 근무복장은 '땀 냄새 나는 옷'이 1위, '맨발에 구두'가 2위, '민소매'와 '반바지 차림'이 3, 4위였습니다. 여성 직장인의 경우는 '노출이 심한 옷'이 1위, '꽉 끼는 옷'과 '땀 냄새 나는 옷'이 2, 3위로 거의 차이가 없었습니다. 그 외에 너무 화려한 복장 등의 순이었습니다.

이밖에 매너에 대한 다양한 설문조사가 있는데, 직장에서 보내는 시간이 많은 만큼 상대방을 배려하고 신경 쓸 부분이 많은 것 아닌가 싶습니다. 사소한 것이지만 상대를 대하는 예의를 갖추면 어떨까요?

"사람들이 생각하는 매너가 조금씩 다른가봐. 기본적인 에티켓은 비슷하게 생각하는 줄 알았는데 다르게 여기는 사람들이 있더라고. 서로 사생활에 대해서 말할 때는 상대방의 입장을 한 번 더 생각해보고 말하면 어떨까?"

**바꾸려 하기보다는
역지사지하라**

서로를 인정하며 수용하는 분위기를 만들어보세요. 그러면
상대를 온전히 받아들이는 역지사지의 마음을 가질 수 있어요.

후배의 스타일 인정하기

서로 다름을 인정하는 것은 참 쉬운 일이 아닙니다. 그 이유는 나에게 맞춰서 상대를 바꾸고 싶은 마음이 자꾸 들기 때문입니다. 누군가가 나를 바꾸려고 하거나 바꾸기를 강요한다면 여러분은 어떤 생각이 들 것 같나요? 저는 그 사람과 거리를 두고 싶을 것 같습니다.

'사람은 고쳐쓰는 거 아니다'라는 말처럼 타고난 스타일을 변화시키기는 쉽지 않습니다. 그 사람을 있는 그대로 인정해주는 것이 필요하죠.

성향에 따라서 불편한 사람이 있습니다. 대개는 나와 비슷한 성향의 사람보다 다른 성향의 사람을 만나면 불편해하죠. 우선 크게 외향적인 사람과 내향적인 사람으로 구분해보면 여러분은 어떤 사람이 더 편한가요? 중간 즈음에 있는 사람들은 적절하게 맞출 수가 있지만 아주 외향적인 사람과 아주 내향적인 사람을 만나면 적응하는 데 시간이 좀 걸리겠죠?

이처럼 나와 후배 간에 일하는 속도나 처리하는 방식이 다르면 못마땅한 시선으로 보는 경우가 많습니다. 틀린 게 아니라 서로의 스타일이 다른 것이라고 보는 관점이 필요합니다. 이것을 머리로는 이해하는데 실제로 접하고 같이 생활하다보면 서로 다른 부분 때문에 참 힘들어합니다.

선배와 후배 사이에 스타일이 다를 때 누가 힘들지 물어보면 대부분 후배가 힘들 거라는 말을 합니다. 하지만 선배도 후배와 마찬가지로 똑같이 힘듭니다. 선배 입장에서 보기에 후배들이 답답하거나 너무 급하거나 하면 나의 스타일과 맞지 않다며 불편한 시선으로 보게 되겠지만 그러면 결국 나만 힘들어집니다. 모든 후배들을 인정하고 수용하는 것도 리더가 갖추어야 할 하나의 역량인 것이죠.

또 하나의 차이를 살펴보면, 일을 더 중요하게 생각하는 사람과 인간관계가 중요한 사람도 다릅니다. 일이 먼저인 사람은 일의 결과가 중요하고, 개인적인 이야기를 하는 것이 편하지 않습니다. 직장에서는 업무만 잘하면 된다고 생각하죠. 반면에 인간관계가 먼저인 사람은 일보다는 사람과의 관계가 중요하고, 혼자 일하는 것보다는 함께 하는 것을 선호합니다. 일만 하는 것에 대해 숨막혀 하기도 합니다. 이렇게 우선순위가 일인지 관계인지에 따라서도 다를 수 있으니 우리는 후배들의 우선순위를 파악하고 인정하는 것이 필요합니다.

요즘 세대는 상사와 스타일이 다를 때 맞추려고 노력하기보다는 바로 이직을 생각합니다. 회사를 떠나는 것이 아니라 상사를 떠나는 것이죠. 리더 입장에서는 겨우 함께 일할 수 있게 되었는데 다시 새로운 사람에게 처음부터 가르쳐야 하니 힘 빠지는 일이고요. 후배 입장에서는 직장을 옮긴다고 해서 힘든 사람이 없으리라는 보장도 없습니다.

서로를 위해서 우리는 후배들의 스타일을 파악하고 서로를 인정하며 수용하는 분위기를 만드는 것이 중요합니다.

"우리 팀은 정말 다양한 성향을 가진 사람들이 모여 있어. 이렇게 다양한 사람들이 모였는데도 서로 자신의 성향을 내세우는 게 아니라 서로를 인정해주니까 갈등도 없고 시너지가 더 나는 것 같아. 자기 성향을 조절하는 것도 보통 일이 아닌데 우리는 참 서로를 잘 배려해서 좋아."

후배의 생각을 있는 그대로 받아들이기

다름을 인정하는 데에는 성향의 차이도 있지만 생각의 차이도 큽니다. 우리는 주로 생각이 다를 때 내 생각에 맞게 상대를 바꾸려고 합니다. 내 생각이 옳다고 여기기 때문이죠. 다른 사람의 삶에 대해서도 옳고 그름을 판단하는 잣대를 들이대는 경우가 많습니다.

상대를 온전히 받아들이기 위해서는 심리적 수용이 필요한데, 심리적 수용이란 삶과 관련된 모든 것들을 기꺼이 경험하는 것을 의미합니다. 리자베스 로머(Lizabeth Roemer) 등의 학자는 심리적 수용에 대해 지금 이 순간 경험하는 것에 개방되어 있는 것이라고 말했습니다. 연구자 마샤 리네한(Marsha Linehan)은 어떠한 왜곡이나 평가, 판단 등을 하지 않고 있는 그대로 경험하는 것이라고 표현했습니다.

즉 수용이란 어느 한 순간도 평가나 판단 없이 소통함으로써 있는 그대로 상대의 생각을 받아들이는 것을 말합니다. 예를 들어 비혼인 한 후배에게 빨리 결혼하라고 하기보다는 그 사람의 생각이 비혼인 이유가 있을 거라고 생각하고 그 의견을 수용하는 것이 필요합니다.

어떤 의미에서는 수용이 상대의 생각이나 감정에 대해 아무것도 하지 않는 것을 의미하기도 합니다. 즉 수용은 누군가의 경험에 대해서 통제하거나 변화시키려는 시도를 하지 않고 단순히 받아들이는 것이죠. 연구자 하스(Hass)는 심리적 수용에 대해 방어하지 않고 상대의 생각이나 경험을 있는 그대로 온전히 경험하는 것이라고 주장했습니다.

나의 생각이나 신념이 강한 만큼 수용하는 것이 어렵지 않나 싶습니다. 특히 나이가 들수록 점점 더 자기만의 방식이나 사고의 틀이 확고해진다는 생각이 듭니다. 이럴 때 비욘 나티코 린데블라드의 '내가 틀릴 수도 있습니다'를 떠올리면 좋겠습니다.

> "요즘은 자기 일만 있으면 혼자 사는 것도 좋은 것 같아. 결혼을 꼭 해야 하는 건 아니잖아. 하든 안하든 다 장단점이 있으니까 자신이 선택하는 거지. 네가 원하는 대로 해. 지금도 좋아 보여."

역지사지의 마음 갖기

역지사지란 처지를 바꿔서 생각해보는 것인데, 상대가 처한 상황이나 마음을 알아주며 함께 느끼는 순간을 의미합니다. 이게 참 어렵죠. 우리는 스스로가 가장 힘들다고 느끼기 때문에 남을 돌아볼 겨를이 없기 때문입니다. 후배가 처한 상황을 이해하고 공감하는 것이 필요하다는 걸 알면서도 잘 안 되는 이유이기도 하죠.

심리학자 마셜 로젠버그(Marshall Rosenburg)는 상대를 존중하는 마음이 필요하다고 말했습니다. 다른 사람이 경험하고 있는 것을 존중하는 마음으로 이해하는 것이 공감이며, 나와 동등한 존재로 인정하는 것이 공감의 전제라고 표현했습니다. 후배를 나와 동등한 존재로 보는 것이 우선이고, 후배가 힘들어하는 상황을 존중하면서 나와 비교하지 않는 것이 필요합니다.

경험론 철학자인 데이비드 흄(David Hume)은 사람의 행복은 오직 다른 사람의 마음을 함께 느끼는 것을 통해서만 가능하다고 말했습니다. 그렇게 하기 위해서는 상상력이 필요하다고 주장했는데, 상상력을 통해서 상대의 여러 가지 상황을 느끼고 수용할 수 있다는 것입니다.

경제학자 아담 스미스(Adam Smith)는 다른 사람의 마음을 함께 느끼기 위해서는 역지사지의 능력이 있어야 된다고 말했습니다. 역지사지의 능력에 기초해서 상대방과의 감정일치가 가능하다는 것이죠. 그러나 항상 각기 다른 두 사람이 완전한 일치를 이룰 수는 없기에 이를 위한 노력이 필요하다고 강조했습니다. 삶에서 최상의 즐거움이란 상대와 감정의 일치를 경험하는 것이기 때문입니다. 그것이 서로의 마음을 알아준다는 기쁨이겠지요.

"나도 딱 그 느낌이었어. 그 드라마를 보면서 나도 누군가를 색안경 끼고 보고 있는 건 아닌지 반성하게 되고, 안타까운 마음도 들고, 짠하기도 하더라고. 나만 그렇게 느낀 게 아니구나."

후배들이 좋아하는 선배는 자신의 능력을 키워줄 수 있는 사람입니다. 그 방법은 알고

보면 간단합니다. 먼저 후배를 존중하고 지지하는 것부터 시작합니다. 피드백은 구체적

으로 해야 하고요. 다른 사람의 관점에서 바라보고, 후배가 가진 무한한 잠재력을 믿어

줍니다. 그러면 자발적인 동기부여가 됩니다. 자신의 분야에 대해 지식을 쌓는 모습을

보면서 자극을 받고, 후배도 스스로 목표를 세우며 함께할 것입니다. 그때 옆에서 지켜

봐주고 필요할 때 도와주면 됩니다.

4장

90년생의 능력을
키워주는 7가지 방법

후배를 존중하고 지지하라

창의적인 아이디어를 반영하고 후배의 삶의 의미를 존중해
주세요. 우리의 생각과 마인드도 수평적인 문화에 맞춰야죠.

창의적인 생각을 존중하기

창의적인 생각은 새로운 아이디어를 의미합니다. 새롭다는 것 자
체가 내가 생각지도 못한 것일 가능성이 높죠. 그러다보니 그 생
각을 쉽게 받아들이지 못할 때도 있습니다. 이럴 때 그 생각을 그
대로 존중해주는 선배와 자기의 생각을 강요하는 선배로 구분됩
니다. 후배의 능력을 키워주기 위해서는 창의적인 그들의 생각을
존중해주고 실현할 수 있도록 도와주는 것이 필요합니다.

상사의 태도는 부하의 창의성에 영향을 미친다는 연구결과도
있습니다. 후배들의 창의성은 민주적이거나 사려 깊은 스타일의
상사 행동과 개방적인 분위기에 많은 영향을 받는다고 로자베스

칸터(Rosabeth Kanter) 등의 연구자들이 밝혔습니다. 특히 창의적인 조직의 리더들을 보면 개인이나 팀이 창의적으로 성취한 일에 대해서 많은 인정을 해줍니다.

반면에 창의성을 저해하는 리더들은 혁신적인 노력을 인정하지 못하는 경우가 많습니다. 실제로 많은 조직에서 열린 마음으로 새로운 아이디어를 수용하기보다는 여러 차례의 평가 과정을 거치며 시간만 낭비하게 하거나 이런 과정 속에서 혹독하게 흠잡기를 하기도 합니다.

많은 리더들이 습관적으로 창의성에 손상을 주는 반응을 보인다고 아마빌레(Amabile) 등의 연구자들은 말했습니다. 후배들의 창의적인 생각에 물음표만 던질 것이 아니라 어떻게 활용할 수 있을지 방법을 찾아보는 건 어떨까요?

"와~ 어떻게 이런 생각을 했어? 나는 생각하지도 못한 건데 정말 아이디어 좋다! 어떻게 적용해볼지 한 번 구체적으로 생각해보자."

삶의 의미를 지지하기

각자의 삶의 방향과 가치는 다릅니다. 개인적인 삶의 만족이 중요한 사람도 있고, 일의 성과가 중요한 사람도 있죠. 조직에서는 시스템을 통해 직원들의 삶마저 획일화하려고 했지만 이제는 각자의 삶을 인정하려고 노력하는 분위기입니다. 워라밸 문화 정착을 위해 애쓰는 것이 대표적이죠.

자신의 삶의 방향과 가치가 있듯이 후배가 추구하는 삶의 방향과 가치를 인정하고 지지하는 것이 필요합니다. 가치는 삶의 가치와 일의 의미로 나누어 볼 수 있는데, 삶의 가치는 정말 다양합니다. 인생을 살아가면서 가장 중요하게 생각하는 것들인데 자신의 성장, 영향력, 봉사, 성공, 행복, 즐거움, 책임, 공정함, 성실, 평화, 가족, 건강, 다양성, 완벽 등 사람마다 삶을 살아가면서 중심이 되는 가치들이 있습니다.

이와 마찬가지로 각자 일을 하는 의미도 다릅니다. 광운대학교 산업심리학과 탁진국 교수를 비롯한 연구자들은 일의 의미를 8가지로 분류했습니다. 경제수단, 가족부양, 인정, 대인관계, 사회기여, 삶의 활력, 성장기회, 재미추구 등입니다. 일을 경제수단으로 생각하는 것은 20대가 가장 높았고, 그 다음으로 50대, 30대, 40대 순으로 나타났습니다. 이것은 취업난으로 경제적 어려움을 겪는 20대와 노후 준비 등으로 인해 걱정이 많은 50대가 경제수단으로서의 일을 높게 인식하고 있는 것으로 분석할 수 있습니다.

90년생은 개별성이 특징이라 공통적으로 추구하는 패턴을 찾기가 쉽진 않지만 워낙 경쟁 환경에서 성장하다보니 인정의 요소인 돈을 포기할 수 없는 것으로 보입니다. 2019년 '사람인'에서 '근무하는 직장이 만족스럽지 않은 이유'에 대한 설문 조사를 했더니 '낮은 연봉'을 가장 많이 꼽았습니다. 이것만 보더라도 금전적인 부분이 중요하다는 것을 느낄 수 있습니다.

좋아하는 일을 할지 돈을 많이 벌 수 있는 일을 할지의 고민은 많은 사람들이 가지고 있습니다. 기성세대는 가족부양을 이유로 돈 버는 일을 선택하고, 이직이나 퇴사보다는 참고 견디는 쪽을 선택하는 편입니다.

반면에 90년생들은 힘들게 들어간 대기업이나 공무원도 자신이 하찮게 느껴지거나 자신이 생각한 일과 달라서 만족하지 못하는 경우에는 이직이나 퇴사를 용기 있게 선택한다는 차이가 있습니다. 입사 후 1년 안에 퇴사하는 20대 비율이 27%에 달한다는 통계 결과가 말해주듯이 90년생이 직장을 옮기는 것은 어렵지 않게 볼 수 있습니다.

그렇다고 해서 "요즘 애들은 끈기가 없어"라고 볼 것이 아니라 이들이 왜 이런 선택을 하는지에 관심을 갖는 것이 필요합니다. 즐기면서 하는 일, 자율적인 분위기, 일한 만큼의 보상 등을 중요하게 여기는 삶의 가치를 존중해주자고요.

"요즘은 워라밸을 중요하게 생각하는 사람들이 확실히 많아진 것 같아. 옛날 우리 선배들처럼 일만 하는 게 아니라 일상도 중요하니까 개인 시간에 의미를 두는 게 어찌 보면 당연한 거지. 각자의 삶의 가치나 일의 의미를 존중해주는 게 중요하다고 생각해."

수평적으로 커뮤니케이션하기

세대 간 갈등을 줄이고자 최근 많은 조직에서 선택하는 것이 수평적 커뮤니케이션 문화 만들기입니다. 90년생들이 가지고 있는 삶의 방식과 일을 대하는 태도를 인정하는 것이 필요하다고 느끼는 것이죠.

수평적 커뮤니케이션 문화를 만들기 위해서 시도하는 방법이 대표와 임직원간의 소통의 장을 마련하는 것입니다. 격의 없는 공감과 소통의 장을 마련한다는 취지로 전 직원을 참석하게 하고, CEO 인사말부터 회사 현안 등을 공유하는 시간을 갖습니다. 여러분이 이런 자리에 참석한다면 어떤 생각이 드나요?

제가 교육을 간 어느 기업에서는 직원들이 전체 회의 시간에 의견을 잘 개진하지 않는다는 불만이 있었습니다. 왜 직원들이 의견을 내지 않을까요? 전 직원이 참여하는 자리에서 구성원들이 과연 편안하게 자신의 의견을 말할 수 있을까요?

물론 이러한 기회가 여러 차례 반복되고 자신이 의견을 내도 비판받지 않는다는 인식이 생기면 편안하게 발언할 수 있을지 모릅니다. 그러나 일반적으로 수평적 커뮤니케이션을 하겠다는 명목하에 단체로 소통을 시작하는 것보다는 같은 직급끼리 혹은 입사 동기들끼리 함께 모일 수 있는 자리를 마련하는 것이 더 편안합니다. 그것이야말로 수평적인 관계에서 소통하는 것이니까요.

제가 교육을 할 때 가장 원활하게 소통이 이루어지는 구조는 같은 직급끼리 모였을 때입니다. 팀 교육이나 전 직원 교육이 가장 경직되고 어색한 것을 느끼거든요. 직급만 통일한다고 해서, 이름을 부른다고 해서 수평적 커뮤니케이션이 되는 것은 결코 아닙니다.

물론 그런 시도는 좋다고 생각해요. 한 게임 회사에서는 수평적 소통을 위해서 대표도 영어 이름으로 불리더라고요. 실제로 '대표님'이라고 부를 때보다 격의 없는 소통이 가능해지고, 창의적인 아이디어들도 많이 나온다고 합니다.

호칭이나 직급 체계, 옷차림의 변화뿐만 아니라 우리의 생각과 마인드도 수평적인 문화에 발맞추고 있는지 점검하고 고민해봐야 할 때입니다.

"요즘 직급이나 호칭을 바꾸는 기업들이 많더라. 주변 사람들의 얘기를 들어보니까 매니저나 책임으로 부르는 곳이 예전에 비해서 많아졌어. 아무래도 직급체계가 단순화되면 상하관계보다는 수평적인 문화가 만들어지고 소통이 좀더 잘 되지 않을까? OO책임은 어떻게 생각해?"

"아무래도 OO책임님 말씀처럼 예전에는 부르는 호칭부터 수직적인 관계로 느껴졌는데 그것만 동등해져도 수평적인 느낌을 받을 것 같아요."

구체적이고 건설적인 피드백을 하라

피드백은 지지적이고 구체적이며 명확한 것이 좋습니다. 가장 중요한 것은 후배가 피드백을 받고 싶은지의 여부죠.

지지적 피드백하기

앞에서 후배의 창의적인 생각을 존중하는 것에 대해 말했는데, 창의성에 기여하는 환경의 특징을 밝히는 연구들을 살펴보니까 자율성과 신뢰 그리고 지지적 분위기와 목표 명확성에 대한 지각 등을 꼽았습니다. 여기서 살펴볼 것은 지지적 분위기를 만들 수 있는 선배의 피드백입니다.

선배의 지지적인 피드백은 후배의 감정과 욕구에 대한 관심으로 이해됩니다. 따라서 후배가 이러한 지지적 피드백을 받는다고 느끼면 선배가 자신의 감정을 헤아려주고 자신이 원하는 것에 관심을 갖는다고 생각하기 때문에 관계의 질이 좋아집니다. "지금도 잘 하고 있어" "힘들었을 텐데 여기까지 잘 왔네" 등의 말로 표현하면 됩니다.

심리학자 에드워드 데시(Edward Deci)와 리차드 라이언(Richard Ryan) 등은 선배가 후배에게 지지적이면 지지적일수록 후배의 업무 수행에 대한 선배의 행동 효과는 더욱 커질 것이라고 주장했습니다. 반대로 비지지적인 선배들은 후배의 행동을 면밀히 감시하고, 후배의 의사와 상관없이 의사결정을 하며, 부정적인 피드백을 하고, 자신의 고정관념 속에서 판단하고, 후배에게 행동하도록 강요한다고 밝혔습니다.

여러분은 지지적인 선배인가요, 비지지적인 선배인가요? 선배가 후배에게 긍정적으로 반응을 해줌으로써 함께 일하기 편해진다면 지지적인 피드백을 하는 것이 좋습니다. 제가 선배에게 들었던 지지적 피드백은 "넌 항상 잘 하잖아. 이번에도 잘 할 거야"라는 말이었습니다. 인정과 지지가 담긴 말 한마디를 후배에게 해봅시다.

"나는 너랑 일하면서 정말 마음이 편해졌어. 말하지 않아도 알아서 다 해주니까 내가 챙길 게 없을 정도야. 그렇게 하려고 너는 얼마나 애를 쓰겠어. 더 잘하려고 하지 않아도 괜찮아. 지금도 잘하고 있어!"

구체적이고 명확한 피드백하기

조직행동관리 분야에서는 직무수행을 향상시키기 위해 피드백을 가장 빈번하게 이용했습니다. 생산성과 안전행동, 품질관리 등 다양한 분야에 적용해 그 효과가 입증되었습니다. 이러한 피드백의 효과성은 빈도나 제공자, 수용자, 내용, 전달방식, 공개여부 등과 같이 다양한 특성에 의해서 달라질 수 있고, 피드백의 효과성에도 차이를 가져올 수 있다고 많은 연구자들이 주장했습니다.

피드백을 하는 사람이 누구냐에 따라, 그 사람이 하는 말의 내용에 따라 피드백의 효과가 달라진다는 것에 대해서는 충분히 이해가 됩니다. 피드백의 빈도에 대한 연구를 살펴보면 매일 제공하는 피드백이 매주 제공하는 피드백보다 수행 향상에 더 효과적인 것으로 나타났습니다. 피드백은 자주 할수록 좋다는 거죠.

파머(Palmer) 등의 연구자들은 피드백이 효과적이기 위해서는 직무수행에 대한 정확한 정보를 포함해야 한다고 말했습니다. 또한 존슨(Johnson) 등의 연구자들은 정확한 피드백과 부정확한 피드백이 직무수행에 미치는 효과를 비교했습니다.

정확한 피드백은 구성원의 수행을 중심으로 칭찬만 하거나 비판만 하는 2가지 피드백 유형이었으며, 부정확한 피드백은 수행한 것과 관계없이 칭찬만 하거나 비판만 하는 유형으로 구분되었습니다. 연구 결과, 정확한 피드백이 부정확한 피드백보다 직무수행 향상에 효과적인 것으로 나타났습니다.

업무와 관련된 피드백의 경우 칭찬은 기분 좋게 일할 수 있도록 동기부여도 가능합니다. 비판은 자신의 성장과 발전을 위한 피드백이라고 생각하고 수용할 수 있습니다. 그러나 업무와 관련 없는 내용으로 칭찬이나 비판을 하는 경우에 칭찬이야 좋은 말이니 넘길 수 있지만 비판은 선배의 개인적인 판단이라고 받아들일 가능성이 높기 때문에 부정적으로 작용할 가능성이 높습니다.

일반적으로 후배들은 선배가 제공하는 피드백을 정확하다고 믿는 경향이 있습니다. 그러나 후배가 자신이 한 일에 대해 명확하게 파악할 수 있는 상황에서 선배가 부정확한 피드백을 제공하면, 후배는 선배가 제공하는 정보를 신뢰하지 못하게 되고 업무수행력도 감소할 수 있습니다.

선배로서 후배에게 구체적이고 명확한 피드백을 하기 위해서는 업무에 대한 전문성도 갖추어야 하고, 그것을 잘 전달할 수 있는 논리력도 필요합니다. 후배의 능력을 키워주기 위해서 필요한 것이지만 스스로의 실력도 쌓을 수 있는 기회로 삼으면 어떨까요?

"잘 작성했어. 특히 근거가 명확해서 좋다. 거기에 적절한 사례만 찾아서 추가해봐. OO학회 자료를 찾아보면 우리랑 비슷한 회사에서 활용한 사례가 있을 거야."

발전적 피드백하기

행동의 교정을 위한 피드백을 할 때 우리는 흔히 명령형으로 말합니다. "앞으로 이런 건 이런 식으로 해!"라고 말이죠. 이런 식으로 해야 하는 이유도 모른 채 행동을 바꿔야 하는 경우가 많습니다. 이렇게 피드백을 하는 선배는 대부분 "너를 위해서 하는 말이야"라고 하는데, 후배를 위한다면 구체적인 피드백을 해줘야 합니다.

대부분 후배가 피드백을 듣고 싶어 하는지 아닌지 묻지도 않은 채 자신이 하고 싶은 말만 쏟아내는 경우가 많습니다. 선배가하고 싶은 말을 하듯 듣는 것도 후배에게 선택할 권리가 있습니다. 즉 후배라고 해서 무조건 들어야 하는 건 아니죠.

피드백이 오히려 부정적으로 작용하지 않게 하려면 우선 후배가 피드백을 받고 싶은지에 대한 여부부터 물어보는 게 필요합니다. "이번 일에 대해서 내 의견을 좀 이야기해도 될까?"라고 후배의 의중을 정중히 묻습니다. 그 때 후배가 얘기해달라고 하면내가 하고 싶은 말을 하면 됩니다. 만약에 후배가 "제가 좀더 생각해보겠습니다"라고 말하면 '내 조언을 거부해?'라고 생각하며기분상할 것이 아니라 '스스로 답을 찾으려고 하나보다'라고 생각해서 조금 기다려주면 됩니다.

이런 의미에서 발전적 피드백이란 후배에게 도움이 되길 바라는 마음으로 자신의 의견을 말하고 싶을 때 상대가 원하는지 아닌지 물어보는 것입니다. 그리고 원하는 경우에 피드백을 하는 것을 말합니다.

선배라고 해서 마음대로 조언을 쏟아내고 후배는 무조건 들어야 하는 것은 아닙니다. 후배의 발전을 위해서 하는 피드백이라면 그 선택도 본인이 할 수 있도록 자율성을 함께 제공하는 것을 잊지 마세요.

"네 말을 들어보니까 너의 생각이 어떤 건지 잘 알겠다. 너한테 도움이 될지 모르겠지만 내 생각을 한 번 들어볼래?"

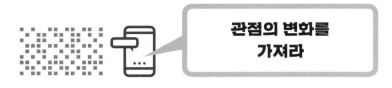

다양성을 수용하기 위해 고정관념, 편견 등의 생각을 내려
놓는 것이 필요해요. 새로운 교육으로 변화하는 것도 좋죠.

다양성 존중하기

지금은 다양성의 시대입니다. 최근 들어 다양성과 포용이라는 키
워드에 관심을 가지게 된 이유를 3가지로 살펴보겠습니다.

　먼저 산업환경 측면에서 보면 큰 기업이라도 경쟁에서 살아남
기가 쉽지 않게 되었습니다. 국내만 해도 100년이 넘는 장수기업
은 2019년 현재까지 딱 10개입니다. 우리가 알고 있는 대기업들
도 100년이 채 되지 않은 곳들이 많습니다. 오래 살아남기가 그
만큼 어렵다는 것입니다. 산업 간 경계가 허물어지는 무경계 시
대인데다가 속도의 시대로 변화했고요. 이러한 초경쟁 시대에는
새로운 경쟁력 확보가 필요하다보니 다양성을 추구하게 된 것이죠.

두 번째로 다보스포럼 창시자인 클라우스 슈밥(Klaus Schwab)은 세계 각 분야의 리더와 전문가들조차 '예측 불가능한 미래'라고 말하는 4차 산업혁명시대를 헤쳐 나갈 수 있는 힘은 초연결사회에 있다고 말했습니다. 이러한 초연결사회는 다양한 융합을 통한 새로움을 요구합니다. 따라서 하나만으로는 성공하기 어렵습니다. 생각에 생각을 더해 다양하게 확장하고 그것들을 연결하는 힘이 필요합니다.

마지막으로 기업환경 측면을 살펴보면 다양한 계층이 함께 참여하는 사회로 변하고 있습니다. 여성과 외국인을 비롯해 장애인 인력이 증가하면서 고용의 외형적인 형태도 다양하게 확대되고 있습니다.

이 책에서 주요하게 다루고 있는 90년생들의 사회진출이 가속화되고 있습니다. 세대 간의 다양성이 조직에서 존재하고 있는 것입니다. '386세대'라고 부르는 60년대생과 'X세대'라고 부르는 70년대생, 밀레니얼 세대의 시작인 80년대생과 변화와 다양성의 상징이기도 하며 자유로운 표현을 해서 '신인류'라고 부르는 90년대생까지 폭넓은 세대가 함께 일하고 있습니다.

이뿐만 아니라 경력직의 인력 비중도 증가하면서 기존 구성원들과 융합해야 하는 과제도 안고 있습니다. 이런 환경이다보니 다양성을 수용하기 위해서는 폭넓은 경험과 열린사고가 필요합니다. 세대 간, 성별 간, 지역 간의 차이를 이해와 존중으로 좁혀

나가는 것이 중요합니다. 단순히 공존하는 것이 아니라 각기 다른 사람들을 보듬을 수 있는 포용력을 키워야 합니다.

> "요즘은 개성 있는 사람들이 참 많아. 홍대에 갈 때마다 느끼는데 정말 다양한 사람들이 눈에 띄어. '어떻게 저런 옷을 입지?'라고 생각할 정도로 특이한 옷차림을 한 사람들도 있고, 다양한 나라의 사람들이 뒤섞여서 여기가 한국인지 헷갈리기도 한다니까. 이제는 인종이나 문화에 따른 차별이 줄어들고 있는 것 같아. 그만큼 우리나라가 포용하는 문화가 된 거겠지."

차이를 존중하고 다름을 인정하기

선후배 사이에 서로 관점이 다른 것은 어찌 보면 너무나 당연한 일입니다. 서로 다른 환경에서 자라고 다른 환경에서 일을 배웠기에 서로의 다름을 인정하지 않으면 함께 일하는 것은 쉽지 않습니다. 그만큼 여러 측면에서 갈등이 발생하고 있는 요즘입니다.

우리가 잘 아는 것 같지만 구분할 필요가 있는 두 개념이 있습니다. 바로 '차이'와 '차별'입니다. 『선량한 차별주의자』의 저자 김지혜는 "아무리 선량한 시민이라도 차별을 전혀 하지 않을 가능성은 거의 없다는 것을 깨닫게 된다"라고 밝혔습니다. 나도 모르게 차이를 인정하지 않고 차별하고 있는 것은 아닌지 점검해

볼 필요가 있습니다.

사람들은 각기 많은 것이 다릅니다. 겉으로 보이는 표면적인 차이뿐만 아니라 성격이나 생각, 의견 등이 다른 심층적인 차이가 있습니다. 이렇게 사람들이 서로 다르다는 것을 구별하는 것이 바로 '차이'입니다.

이런 차이를 인정하기만 해도 갈등이 줄어들 수 있을 것입니다. 하지만 이러한 차이를 존중하는 데 방해가 되는 요소들이 있습니다.

우선 우리가 가지고 있는 고정관념입니다. 심리학에서는 고정관념에 대해 집단을 범주화하는 도식의 하나라고 정의합니다. 특정한 사람의 독특한 모습이나 개인의 능력을 인정하지 않고 단순히 그 개인이 특정집단의 구성원이라는 이유만으로 그 사람의 개성이나 특성, 능력을 특정범주로 틀에 가두는 생각이라고 할 수 있습니다. 쉽게 말하면 잘 변하지 않는 굳은 생각이라고 할 수 있습니다.

예를 들면 성별에 따른 고정관념들이 많습니다. '여자는 주차를 못한다' '남자는 감정 표현을 못한다' 등이 대표적이죠. 당연한 것처럼 알려져 있지만 근거는 없는 생각들이 많습니다.

두 번째는 편견입니다. 편견은 특정집단에 대해서 한쪽으로 치우친 의견이나 생각을 하는 태도를 말합니다. 부정적으로 치우친 생각을 갖게 되면 어떤 사람이나 집단을 볼 때 객관적으로 보기가 어려워집니다. 정치나 종교에 관한 내용을 대화주제로 삼으면 갈등이 발생하기 쉬운데, 나와 생각이 다른 경우 부정적으로 치우친 편견을 갖게 될 가능성이 높습니다. '문신을 한 사람은 불량하다'라는 편견이 있다면 최근 유행하는 타투 역시 패션의 일종이 아닌 부정적인 이미지를 가지고 바라보게 되는 거죠.

세 번째는 차별입니다. 기본적으로 평등한 지위를 가진 집단임에도 개인적인 기준에 따라 불평등하게 대우함으로써 특정 집단을 사회적으로 격리시키는 것을 말합니다. 한마디로 등급의 차이를 둬서 구별하는 것입니다.

한 TV 프로그램에서 초등학생 무리가 아파트 브랜드에 따라, 평수에 따라 친구들을 차별하는 모습을 본 적이 있습니다. 이뿐만 아니라 장애인과 비장애인에 대해서도 장애인과 일반인이라고 차별하는 표현을 써서 눈살을 찌푸리게 하는 사람들도 있습니다. 학력에 따른 차별도 흔하게 벌어지는 일이죠. 의식하지 못한 채 내가 누군가를 차별적인 시선으로 보고 있는 것은 아닌지 생각해봐야 합니다.

고정관념과 편견을 깨는 것은 쉽지 않습니다. 변화에 대한 의도적인 노력이 필요합니다. 갈등의 원인을 제공하는 차별의 개념에서 벗어나 개인 간의 '다름'을 적극적으로 인정하는 것만으로도 기업 이미지를 향상시키고, 기업가치를 올릴 수 있습니다. 이런 변화를 위해 우리가 할 수 있는 노력은 직접 눈으로 본 것만 믿는 것입니다. 주변에서 하는 이야기나 그의 배경 혹은 환경에 대한 생각이 아닌 관찰된 행동만을 가지고 후배를 보려고 노력해봅시다.

> "영화 <증인>을 보는데 편견에 대해서 생각하게 되더라고. 편견이 진실을 가리게 되는 걸 보면서 내가 가지고 있는 고정관념들에 대해 생각해보게 됐어. 사람에게 갖는 편견을 버리는 게 중요한 것 같아."

새로운 교육을 통해 변화하기

관점을 변화시키기 위해서는 새로운 경험을 함께하는 것이 좋습니다. 요즘은 교육 프로그램도 다양하게 변화하고 있는데, 그 중 하나가 '리더십 트립'이라는 프로그램입니다.

한 교육기관에서 진행하는 이 프로그램은 이론으로만 하는 역사공부가 아니라 덕수궁이나 서촌 등으로 직접 나가서 역사를 접하고 리더십을 성찰해봅니다. 담당교수가 현장에서 다양한 역사 이야기를 들려주기 때문에 선조들의 리더십을 생생하게 느낄 수 있습니다. 보고 듣고 걸으며 다양한 생각과 성찰을 할 수 있는 이런 교육 프로그램을 구성원들끼리 함께 어우러져서 체험한다면 새로운 관점을 가질 수 있는 시간이 될 수 있습니다.

또 둘레길이나 올레길 등 걷기 좋게 만들어 놓은 곳들이 많습니다. 한 기관에서는 국민의 삶의 질 향상을 목적으로 숲 교육 및 숲 치유 프로그램 등을 폭넓게 제공하고 있습니다. 매년 30만 명 정도가 이 프로그램에 참여하고 있다고 합니다. 숲 체험 교육은 산림교육전문가가 참여해서 참가자들의 정서적 안정과 면역력 향상 효과뿐만 아니라 스트레스와 우울감 완화 등의 개인의 심리적 문제 해소에도 기여하고 있습니다. 참여하는 근로자들의 스트레스 반응 감소에도 탁월하다고 합니다.

마지막으로 '역 멘토링'입니다. 일반적으로 멘토링이라고 하면 선배가 후배에게 하는 조언을 해주는 형식인데, 그것을 반대로 적용해 후배가 선배에게 요즘 세대에 대해 알려주는 역멘토링을 실시하는 기업들도 있습니다. 최근 90년생과 기성 세대 간의 갈등을 예방하고자 다양한 기업에서 적용하고 있습니다.

회사가 직원들의 직무교육에 투자하면 업무 만족도는 올라가고 이직률은 낮아진다는 조사결과도 있습니다. 새로운 경험을 통해 관점을 바꿀 수 있는 기회가 되어 선후배 모두 업무 만족도를 향상시킬 수 있으면 좋겠습니다.

"우리 팀 힐링 프로그램 한번 신청해볼까? 걷는 것도 괜찮고, 요가나 명상도 괜찮고. 새로운 경험이 될 수 있을 것 같아."

후배의 잠재력을 끌어내기 위해 지금까지 어떤 경험들을 했
는지 관심을 갖고 바라보면 후배의 강점도 보일 거예요.

숨은 능력 끌어내기

우리에게는 누구나 잠재력이 있습니다. 후배의 잠재력을 끌어내기 위해서 집단 상담 프로그램을 참고해보면 도움이 됩니다. 아브라함 매슬로우(Abraham Maslow)의 자아실현론에 근거해 제임스 맥홀랜드(James Mcholland)가 발전시킨 이 프로그램은 4가지의 목표를 가지고 있습니다. 바로 자기긍정과 자기결정, 자기동기, 타인에 대한 이해증대입니다.

우선 '자기긍정'은 스스로를 사랑할 수 있는 능력입니다. 자기낙관성이라고 볼 수 있습니다. 회복탄력성을 구성하는 긍정성 요인에도 이러한 내용이 포함되어 있는데, 후배가 스스로를 긍정적으로 바라볼 수 있도록 도와주면 힘든 순간에도 극복할 수 있는 힘을 가질 수 있습니다.

두 번째, '자기결정'은 자신이 가치 있다고 생각하는 방향으로 자신의 인생을 끌고 가는 능력을 말합니다. 이것은 주도성이라고 볼 수 있습니다. 후배가 우유부단하게 고민만 하고 있다면 자신의 가치가 무엇인지 찾아보게 함으로써 능동적으로 선택하게 할 수 있습니다.

세 번째, '자기동기'는 스스로 결정한 일을 용기 있게 추진할 수 있는 능력입니다. 적극적이고 자발적인 태도입니다. 잠재력을 끌어내는 데 가장 강력한 힘이기도 하고요. 추진력을 발휘할 수 있는 환경을 만들어준다면 개인의 능력을 펼치는 것은 물론이고 업무 성과도 거둘 수 있습니다.

마지막으로 '타인에 대한 이해증대'는 상대의 입장에서 그 사람을 이해할 수 있는 능력이자 상대와 함께 느낄 수 있는 능력을 말합니다. 역지사지와 공감능력이라고 볼 수 있습니다. 이것은 대인관계와 소통에 직접적으로 연결되는 요소입니다. 업무와 인간관계를 모두 다 잘 할 수 있게 되는 것이죠.

잠재력 개발을 위한 4가지 목표를 달성하기 위해 선후배가 함께 대화를 하면서 서로 느끼고 생각하는 것을 자유롭게 말하며 긍정적인 피드백을 주고받아야 합니다. 개인의 잠재력은 긍정적인 자극을 솔직하고 성실하게 주고받는 과정에서 성장합니다.

이때 우리가 또 하나 챙겨야 할 것은 후배를 믿는 것입니다. 최선을 다하고 있다는 믿음은 긍정적으로 바라보는 데 도움이 됩니다.

"네가 가지고 있는 잠재력이 많다는 걸 일하면서도 느낄 수가 있는데 어떻게 하면 발휘할 수 있을지 같이 고민해보자. 내 생각에는 너는 긍정적이고 주도성도 있어서 권한위임을 해주면 더 창의적으로 일을 해내는 것 같은데 이번 프로젝트를 맡아서 해보는 게 어때?"

후배의 강점 찾기

『위대한 나의 발견 강점혁명』의 저자인 마커스 버킹엄(Marcus Buckingham)과 도널드 클리프턴(Donald Clifton)은 자신의 타고난 재능을 알고 개발할 수 있는 스트렝스 파인더(STRENGTH FINDER)라는 강점 검사를 통해 자신의 강점을 발견하고 지식과 기술을 통해 다듬어 나가라고 제안했습니다.

강점을 알고 발휘하는 것과 모르는 것은 결과의 차이를 가져온다는 것입니다. 긍정심리학자들이 개발한 VIA 강점검사가 성격적 강점을 나타낸다면, 스트렝스 파인더 검사에서는 타고난 재능으로써의 강점을 보여줍니다.

갤럽은 지난 40년 동안 1,000만 명의 사람들을 대상으로 인터뷰한 결과를 가지고 재능을 34가지 유형으로 구분했습니다. 이것은 사람들에게서 가장 흔하게 발견할 수 있는 재능인데 공감, 미래지향, 분석가, 성취자, 의사소통, 적응력, 조정자, 책임, 최상주의자, 학습자 등의 34가지 테마가 있습니다. 이중 가장 두드러진 재능 5가지를 눈여겨봐야 한다고 말합니다.

재밌는 점은 가장 뛰어난 5가지 재능이 모두 동일하게 나타나는 사람을 찾기는 쉽지 않다는 것입니다. 따라서 진단을 통해 후배의 5가지 재능을 확인하고, 그 결과를 가지고 후배와 대화하면서 그 강점을 잘 발휘할 수 있도록 환경을 만들어주면 좋습니다. 그리고 지금 자신이 하는 일에서 어떻게 강점을 발휘할 수 있을지 이야기해보는 것을 권합니다.

대부분의 조직들은 직원들의 강점은 당연한 것으로 생각하고 약점을 최소화하는 데에만 노력을 기울이는 편입니다. 우리나라의 경우 학교에서부터 잘하는 것은 관심의 대상이 아니었죠. 못하는 것에 집중해서 높은 점수를 받으라고 강요받았습니다. 그러다 보니 우리나라 사람들은 잘하는 것에 집중하라는 것을 오히려 낯설어합니다.

외국계 기업 중에는 입사할 때 강점검사를 실시하는 곳도 있습니다. 그 사람이 강점을 발휘할 수 있도록 부서를 배치하거나 직무를 조정하는 데 활용합니다. 조직에서는 성과를 내기 위한 목적이 가장 최우선이니만큼 구성원들의 타고난 재능을 발견하고 그에 맞는 업무를 맡기는 것이 효율을 극대화시키는 방법입니다.

"나는 VIA 강점검사랑 스트렝스 파인더랑 둘다 해봤는데 결과를 보니까 진짜 내가 잘하는 게 높게 나온 것 같아. 용감성이랑 최상주의자가 각각의 검사에서 1위였거든. 두 검사 다 상위 5위까지의 강점을 해석하는데 그게 모두 다 겹치는 사람을 찾기가 쉽지 않대. 너도 한번 해볼래?"

과거 경험 들여다보기

잠재력을 끌어내기 위해서는 후배가 지금까지 살면서 어떤 경험들을 했는지 관심을 가질 필요가 있습니다. 그 사람이 한 경험의 일부를 활용할 수 있도록 도울 수 있는데, 심리학 이론을 통해서 그 방법을 찾아보겠습니다.

먼저 발달 심리학은 사람의 신체와 성격, 사고방식, 감정, 행동, 대인관계 그리고 우리가 수행하는 역할의 변화를 연구하는 학문입니다. 사람의 일생은 생명이 시작되는 수정의 순간부터 태어나고 성장하며 나이가 들고 죽는 순서로 진행되는데, 발달이란 이러한 전 생애에 걸쳐 이루어지는 과정입니다. 나이대 별로 발달단계를 거치게 되는데, 각 과정마다 수행해야 하는 과제들을 잘 이루었는지 확인해보면 그 사람을 이해하는 데 도움이 됩니다.

인생을 5세 단위로 나누어 행복의 정도를 그래프로 그려보면 그 사람의 인생을 좀더 잘 파악할 수 있습니다. 그래프를 보면서 선후배 간의 삶의 이야기를 공유할 수 있어 구성원들의 잠재력을 발견할 수 있는 기회가 될것입니다.

두 번째로 사람은 불안으로부터 자신을 보호하기 위해 정신적인 방법들을 사용하는데 그것을 심리학에서는 방어기제라고 합니다. 이러한 방어기제의 역할은 심리적인 안정감을 유지하는 것입니다. 불안이나 죄책감으로부터 벗어나서 자신을 보호하려는 것이죠. 어떤 방어기제를 사용하느냐는 그 사람의 정신건강이나 성격과 관계가 있습니다.

다만 특정 방어기제를 지나치게 사용하면 정신병리와 관련이 있을 수도 있습니다. 보통 정상적인 사람도 매일 방어기제를 사용하고 있고요. 이러한 방어기제를 적절하게 사용하는 것은 일상에 도움을 줄 수 있습니다. 또한 방어기제는 나의 삶의 일부분이기도 하고, 내가 한 경험으로 만들어지기도 합니다.

우리가 흔히 부정적인 방어기제로 사용하는 것은 '투사'인데, 내가 받아들일 수 없는 생각을 내가 아닌 다른 사람이나 환경의 이유 때문이라고 생각하는 것입니다. 쉽게 말해 남 탓을 하는 것입니다. 어떤 프로젝트 결과가 좋지 않았을 때 나는 열심히 했는데 다른 사람 때문에 결과가 좋지 않았다고 말합니다. 이런 사람들은 아마 주변에서 쉽게 찾을 수 있을 겁니다. 어쩌면 내가 투사라는 방어기제를 사용하고 있을 수도 있죠.

또 하나는 '합리화'입니다. 자책감이나 죄책감에서 벗어나기 위해서 현실을 왜곡하는 것을 말합니다. 원하는 행동을 하지 못했거나 원하는 결과를 얻지 못했을 경우 그럴듯한 이유를 찾아내서 자신이 상처받는 것을 방지합니다. 이솝 우화의 〈여우와 신 포도〉 이야기를 예로 들 수 있습니다. 여우는 포도를 따려고 하는데 발이 닿지 않아 여러 번 시도하다가 결국 포기하고 돌아가면서 '저 포도는 너무 시어서 맛이 없을 거야'라고 생각합니다. 이것이 합리화의 대표적인 예입니다.

합리화는 꽤 자주 사용되고 있습니다. 누군가의 이야기를 한참 듣다보면 합리화를 하고 있다는 생각이 드는데, 그 사람은 그렇게 합리화를 하면서 자신을 위로하는 것입니다.

업무를 하다 보면 투사나 합리화를 방어기제로 사용하는 사람들을 흔히 볼 수 있습니다. 이제 그들을 보면서 '심리적인 안정감을 유지하기 위해서인가 보다'라고 이해할 수 있으면 좋겠습니다.

"예전에 어떤 강의에서 인생 그래프라는 걸 그려보니까 나름대로 내 인생에 굴곡이 있더라고. 나는 20대 후반이 가장 힘들었고, 지금이 가장 안정적인 것 같은데 넌 언제가 가장 힘들고, 언제가 가장 좋았어?"

자발적 동기를
높여줘라

능력이 있다고 느끼는 유능감과 스스로 결정하는 자기결정
성을 높여주세요. 그래야 자신들의 일에 몰입할 수 있어요.

유능감을 갖도록 도와주기

아마존닷컴 최고의 책으로 꼽힌 『다크호스』를 보면 다크호스형
사고방식의 4대 요소 중 첫 번째가 '미시적 동기 깨닫기'라고 합
니다. 책 내용 중 "가장 중요한 것은 동기라고 본다. 사람이 뭔가
를 정말로 하고 싶어지면, 열심히 노력하게 되어 있다"고 뉴질랜
드 산악인인 에드먼드 힐러리(Edmund Hillary)의 말을 인용한 부
분이 나옵니다. 자발적 동기는 일에 있어 매우 중요하다는 것을
알 수 있습니다.

　자기결정이론은 사람의 행동을 통제하는 원천이 어디있는가
를 기반으로 해서 설명하는데, 이 이론은 인간의 동기가 개인의

흥미나 호기심에 의해서 발현되었을 때 가장 높다고 했습니다. 내면의 이유가 전혀 없이 강제나 강요로 인한 외적인 통제에 의해서 행동하게 되었을 때 동기가 가장 낮다는 기본 전제를 가지고 있습니다.

즉 내적동기는 내가 원하는 것을 선택하고 행동할 때 생길 수 있으며 이 과정을 즐기는 것을 통해 심리적인 안정감을 가지게 되는 것을 말합니다. 보상이나 강제하는 것이 아니라 그 행동 자체가 보상이 되어서 스스로 행동하게 되는 것이죠.

심리학자 에드워드 데시(Edward Deci)는 내적동기와 관련해 2가지를 중요하게 꼽았습니다. 하나는 어떤 활동에 대해서 '내가 능력이 있다'라고 느끼는 유능감이고, 다른 하나는 '스스로 결정한다'라고 느끼는 자기결정성입니다. 즉 내적동기가 높다는 것은 유능감과 자기결정성을 경험할 수 있다는 것입니다.

'유능감'은 특정 활동을 통해서 자신의 잠재력이 충분히 발휘되고 있고 성장하고 있다는 느낌을 받을수록 높아집니다. 유능감을 느끼기 위해서는 자기 스스로 무엇을 할 수 있는지 깨닫게 해주는 것이 필요합니다. 무언가를 해낼 수 있다는 생각을 하면 더 많은 노력과 도전을 하게 됩니다. 누가 시켜서 하는 것이 아니라 자발적인 동기가 생기는 것이죠.

유능감을 향상시키는 방법을 살펴보면 가장 좋은 방법이 바로 모델링입니다. 선배든 동료든 내가 하고자 하는 일을 먼저 한 사람을 보면서 '나도 할 수 있다'는 인식을 가질 수 있습니다. 직장 생활을 하면서 주변에 롤모델이 있다면 정말 행운이죠. 내가 롤모델이 된다면 그야말로 윈윈입니다.

두 번째는 과거의 성취경험입니다. 자신이 과거에 도전했던 일 중에 성공한 경험이 있다면 그때의 기억으로 유능감이 높아집니다. 스스로 해낼 수 있다고 믿는 것이죠.

세 번째는 과제의 난이도입니다. 도전과제가 너무 어려워도 실패할 확률이 높습니다. 높은 난이도의 과제를 만나면 시작하기도 전에 포기하거나 하다가 안 되면 포기하기도 합니다. 후배의 실력과 난이도가 비슷한 정도의 과제를 주어야 유능감이 높아질 수 있습니다.

마지막은 선배의 피드백입니다. 특히 유능감은 자신에게 영향력 있는 사람의 말 한마디에 매우 큰 영향을 받습니다. 따라서 선배로서 피드백 한마디도 신중히 고민해 실수를 최소화할 필요가 있습니다.

"나는 네가 이 일을 잘 할 수 있을 거라고 믿어. 그래서 너한테 맡긴 거야. 너의 실력이라면 이 정도의 과제는 충분히 해결할 수 있어. 작년인가 우리가 했던 프로젝트 기억나지? 그때도 네가 잘해줬잖아. 그때처럼 하면 돼."

자기결정성을 높여주기

내적동기를 높이는 데 도움이 되는 또 하나의 요인인 '자기결정성'은 특정한 활동을 하는 데 있어 스스로 선택해서 하는 것인지, 아니면 남이 시켜서 하는 것인지에 따라 결정됩니다. 자기가 선택한 것과 다른 사람의 통제 아래 이루어진 것을 비교해보면 자기 스스로 선택해 실행한 활동은 내적동기가 높지만 누군가의 지시에 따라 한 일에 대해서는 내적동기가 낮을 수밖에 없죠.

인간은 스스로 모든 것을 결정하고 싶어합니다. 기본적으로 인간은 자기주도적입니다. 사회화 과정을 거치면서 부모님이나 선생님으로부터 행동을 통제당하는 경험을 하죠. 이런 과정을 거치면서 시키는 것만 하는 수동적인 사람으로 변하는 경우도 있습니다. 팔로워인 후배가 수동적이라면 선배는 권한위임을 통해 자율성을 부여하고 자발적으로 행동할 수 있는 환경을 만드는 것이 필요합니다. 특히 성향상 주도적인 사람들의 경우 자기결정성은 매우 중요합니다. 스스로 선택하고 결정하기를 좋아하는 후배라면 그럴 기회를 많이 주는 것이 좋습니다.

이들에게는 업무를 하면서 자기결정성을 갖는다는 것 자체가 동기부여라는 사실은 분명합니다. 우리가 어렸을 때를 생각해보면 부모님이 "공부해라, 공부해라"고 하면 더 하기 싫었던 것처럼 자꾸 "해라, 해라" 하면 하기 싫어질 수 있으니 호기심과 흥미를 가질 만한 단서를 제공하는 것이 좋습니다.

"이 업무는 너한테 믿고 맡길게. 네가 일정 잘 조정해서 진행하고 언제쯤 마무리되는지만 알려줘."

자신의 일에 몰입할 수 있는 분위기 만들기

내적동기를 통해서 얻을 수 있는 보상으로는 즐거움과 도전정신, 자기성장, 자아실현 등이 있습니다. 자신의 분야에서 성공한 사람들은 자신의 일에 열정적인 관심이 있고, 자신이 하고 있는 것에 대해 깊이 즐기며 몰두하는 경향이 있습니다.

몰입의 개념을 제시한 심리학자 미하이 칙센트미하이(Mihaly Csikszentmihalyi)는 몰입의 조건으로 자신의 실력과 과제의 난이도를 들었습니다. 자신의 실력이 너무 낮아도, 반대로 너무 높아도 몰입할 수 없습니다. 과제의 난이도 또한 너무 높으면 불안하고, 너무 낮으면 흥미가 떨어져 무관심해지죠. 따라서 실력에 맞는 적절한 난이도의 과제를 만났을 때 몰입은 이루어집니다.

후배가 어느 정도의 실력인지를 파악하고 그에 맞게 일의 난이도를 잘 조절해서 제시하는 것이 선배로서 중요한 역할입니다. 일에 몰입할 조건을 갖춘다면 자연스럽게 자신의 일을 즐기면서 할 수 있는 분위기가 만들어질 것입니다.

앤젤라 더크워스(Angela Duckworth)는 열정적 끈기의 힘을 뜻하는 '그릿(GRIT)'을 제안했습니다. '그릿'은 자신의 관심사에 대해 포기하지 않고 노력하는 힘을 말합니다. 실패와 역경, 슬럼프를 극복하고 뛰어난 성취를 이룬 사람들의 성공요인을 보면 공통적으로 '그릿'을 가지고 있었습니다.

'그릿'을 키우는 4가지 방법을 살펴보면, 우선 열정의 대상을 찾아야 합니다. 후배가 자신이 좋아하는 것을 찾도록 하는 것입니다. 두 번째는 질적으로 다른 연습을 하는 것인데, 끊임없이 더 잘하고 싶은 욕구를 가지고 난이도가 조금 높은 것에 도전하며 연습하는 것을 말합니다.

세 번째로 높은 목적의식을 가져야 합니다. 가까운 미래가 아닌 먼 미래를 바라보는 목적이야말로 강한 동기의 원천이죠. 마지막으로 희망이 있어야 합니다. 긍정적인 생각을 함으로써 오랜 시간동안 노력할 수 있는 힘이 생기는 것입니다. 이렇게 후배들이 자신의 일에 몰입하고, 그릿을 가지고 열심히 할 수 있는 분위기를 만들도록 우리가 노력해보자고요.

"요즘 애들을 보면 유튜브 볼 때 엄청 몰입하잖아. 나도 내가 관심 있는 프로그램 볼 때는 피곤해도 집중이 잘 되는데 그러고보면 관심이 있느냐 없느냐가 진짜 중요한 것 같아. 관심이 있어야 몰입도 하니까. 넌 뭐할 때 몰입이 가장 잘 돼?"

적극적 사고를 할 수 있도록 회의 분위기를 자유롭게 만듭
시다. 지적 자극을 위해 독서토론을 시도하는 것도 좋아요.

문제해결적 사고 자극하기

조직에서 구성원들이 직면한 문제에 대해 그들의 이해를 향상시
키는 행동을 지적 자극이라고 합니다. 현재 우리 조직이 처한 문
제를 후배들에게 알려주고 그들이 미래에 대비할 수 있도록 하
는 것을 의미합니다. 이러한 지적 자극을 통해서 후배들이 가지
고 있었던 인지적인 틀을 유연하게 만들고, 또 다른 시각으로 바
라볼 수 있도록 새로운 관점을 개발하는 데 도움을 줍니다.

이렇게 문제해결을 위해 새로운 방법을 생각하고 비판적으로
사고하다보면 선후배 간의 의견이 다를 수도 있고, 그로 인해 갈
등이 생길 수도 있습니다. 특히 우리나라 조직에서는 후배가 어

떤 상황에 대한 해결책을 제안했을 때 리더에 따라 그것을 수용하는 방법이 다를 수 있습니다.

후배의 의견을 무시한 채 리더가 독단적인 결정을 내릴 때도 많고, 팀내에서 의견을 모으다가 결국 다수결의 원칙에 따르는 경우도 많죠. 다수결로 결정하다보면 많은 사람들이 선택할 때만 후배의 의견은 존중받을 수 있게 됩니다. 이렇게 되면 문제해결적 사고를 하는 것이 쉽지 않습니다.

하버드대 교수이자 곤충학자인 윌리엄 모턴 휠러(William Morton Wheeler)는 개미의 사회적 행동을 관찰하면서 집단지성이라는 개념을 처음으로 제시했습니다. 그는 집단을 이뤄서 협업을 했을 때, 공동체의 문제를 해결하려 하거나 효율적인 관리를 시도할 때, 시너지 효과를 불러일으켜서 큰 힘을 발휘하게 되는 것을 집단지성이라고 정의했습니다. 이처럼 우리는 조직의 문제를 해결하고 협력하기 위해서 집단지성을 발휘할 필요가 있습니다.

저널리스트 제임스 서로위키(James Surowiecki)에 의하면, 다양한 문제들이 주어졌을 때 한 개인이 집단보다 나은 결과를 지속적으로 낼 가능성은 거의 없다고 주장했습니다. 이것은 모든 구성원이 합의에 이르거나 동의하는 의견이 개인의 의견보다 더 좋은 결과를 만든다는 것이죠. 이때 소수의 의견을 무시하기보다는 그 의견도 의미 있는 것으로 받아들이는 것이 중요합니다.

또한 의견수렴을 하면서 구성원 모두가 동의하는지 확인하는 것도 필요합니다. 최종적인 의사결정을 할 때도 눈치 보지 않고 투표할 수 있도록 회의 분위기를 자유롭게 만들면 문제해결에 있어 더욱 적극적인 사고를 할 수 있습니다.

"이제부터 회의할 때는 상대의 말 자르기 없기, 서로 비판하지 않기를 규칙으로 정합시다. 모든 사람의 의견을 존중하는 분위기를 만들면 여러분도 편하게 자신의 의견을 말할 수 있을 거라고 생각해요. 다수의 의견이 중요한 게 아니라 소수의 의견이라도 의미 있는 것이라면 채택할 수 있습니다. 자유롭게 이야기를 나눠봅시다."

독서토론으로 지식을 공유하며 함께 성장하기

우리나라 사람들이 새해가 되면 세우는 목표 중 빠지지 않는 3가지가 있습니다. 바로 독서, 영어공부, 다이어트입니다.

시중에 독서법에 대한 책은 무척 많이 나와 있습니다. 그것만 보면 독서에 관심이 많은 것 같아 보이는데, 한국인의 독서량에 관한 연구에 의하면 한국의 18세 이상 성인 중 1/4은 1년에 단 1권도 책을 읽지 않는다고 하니 단순히 책을 읽고 싶어 하는 마음만 가지고 있는 것이 아닌가 싶습니다.

제가 강의를 하다가도 소개해주고 싶은 책이 있냐고 물으면, 다들 죄지은 사람들처럼 책을 안 읽어서 잘 모르겠다고 하는 걸 자주 봅니다. 반드시 책을 읽어야 하는 것은 아니지만 책을 누군가와 함께 읽는 재미를 안다면 혼자 읽는 것보다는 쉽게 접할 수 있을 겁니다.

저도 독서토론을 4년 넘게 꾸준히 하고 있는데, 혼자 읽고 책을 이해하는 것보다 함께 읽고 토론하면서 지식의 깊이가 깊어지고 확장되는 것을 느낍니다. 이러한 지적 자극을 후배들과 함께 할 수 있다면 같이 성장할 수 있는 기회가 될 것입니다.

HDC그룹은 2019년 7월부터 8월 초까지 전 계열사가 참여하는 독서 토론회를 개최했는데, 이 한 달 동안 게시판을 통해 공유된 토론회 소감과 아이디어 제안이 100건에 달했다고 합니다. 이러한 방법은 직면한 현안에 대해서 직접적으로 의견을 하달하는 것이 아니라 생각의 폭을 넓히고 지혜를 함께 공유할 수 있도록 하기 위함입니다.

이 기업은 기업문화로 독서가 정착되고 자율적인 독서환경을 만들기 위해 2013년부터 회사 내에 북카페를 마련했습니다. 점심시간이나 휴식시간에 자유롭게 독서와 토론을 즐기는 창의적인 아이디어 공간으로 거듭나고 있다고 합니다.

문화체육관광부가 주최하고 한국출판문화산업진흥원과 국가브랜드진흥원이 주관하는 2018년 대한민국 독서경영 우수 직장

인증 대상에 이랜드리테일이 뽑혔습니다. 이랜드리테일은 독서 경영으로 유명한데요, 각 직무별·시기별로 읽어야 할 필독서 목록이 무려 500권 이상이라고 합니다. 정기적인 독서 스터디와 독서 MT 등을 통해서 직원들이 지식소양을 쌓도록 적극적으로 장려하고 있습니다.

마지막으로 이디야 커피도 독서경영을 하고 있는데, 전 직원은 매달 말까지 한 편의 독후감을 써서 사장에게 메일로 보낸다고 합니다. 문창기 대표는 만약에 독후감을 쓰지 않았다면 직원들이 자신에게 편지 보낼 일은 없었을 거라며 독서경영으로 직원과 사장이 직접 대화를 나눌 수 있는 환경을 만들었다고 말합니다.

제 주변에도 회사 내에서 독서 동아리를 운영하는 분들이 있습니다. 직무와 관련된 책을 선택할 수도 있고, 다양한 분야의 책을 접할 수도 있어서 좋다는 의견을 들었습니다.

얼마 전 신입공무원 교육을 가서 동기들끼리 독서 동아리를 만드는 것을 봤는데, 지적 자극을 지속적으로 받으려는 모습이 보기 좋더라고요. 물론 독서도 선배가 일방적으로 강요해서는 안 되겠죠. 책을 대충 들춰보고 다 읽은 것처럼 아는 척하는 것도 피해야 합니다. 서로의 성장과 발전을 위한 지적 자극의 한 방법으로 독서토론을 시도해보면 좋겠습니다.

"우리 독서 동아리는 한 달에 한 번씩 리더를 돌아가면서 하고, 그 달의 리더가 정하는 책을 읽으면 어떨까? 그러면 좀더 다양한 분야의 책을 읽을 수 있지 않을까 싶은데 어때?"

학습목표지향성 추구하기

캐럴 드웩(Carol Dweck) 등의 많은 학자들은 학습목표지향성을 새로운 상황에서 기술을 습득하거나 부단한 노력을 통해서 역량을 개발하고자 하는 사람들에게 나타나는 경향성이라고 정의했습니다.

성장 마인드셋을 연구한 드웩(Dweck) 박사는 학습목표지향성과 성과목표지향성은 다르다고 구분했습니다. 학습목표지향성을 가진 사람들은 과제를 수행하는 데 있어서 학습을 통해 자신의 잠재력을 개발하고 능력을 확장하며 성장할 수 있는 기회로 여깁니다. 새로운 도전과제를 기꺼이 즐기는 특징을 보인다고 설명했습니다. 반면에 성과목표지향성을 가진 사람들은 과제를 수행함에 있어서 자신이 가진 능력을 발휘해서 인정받는 기회로 여긴다고 합니다. 부정적인 평가를 피하기 위해서 오히려 도전과제를 회피하는 특징을 보인다고 말했습니다.

연구자 에임스(Ames)는 학습목표지향성을 가진 사람들은 주어진 과제수행을 통해 능력을 향상시키고자 하는 내적 관심을 가지고 있어서 적극적인 노력의 의지를 보이면서 과정을 중시한 다고 했습니다. 반면에 성과목표 지향성을 가진 사람들은 다른 사람과의 비교에서 상대적인 유능감을 드러내고 인정받는 것을 원하기 때문에 결과에 초점을 맞춘다고 말했습니다. 이는 개인이 어떤 목표지향성을 추구하느냐에 따라 행동에 차이가 날 수 있다는 것을 알 수 있습니다.

학습목표지향성은 단순히 높은 학구열때문에 어떤 것을 배우는 걸 즐기는 것이 아니라, 자신의 자아실현이나 자기계발을 위해 노력하는 하나의 행동 경향성으로 인식할 필요가 있습니다. 후배들이 학습목표지향성을 가지고 노력할 수 있도록 선배들이 먼저 역량을 개발하기 위해 부단히 노력하는 모습을 보이는 것이 필요합니다. 후배가 함께 노력할 수 있도록 그가 열심히 하는 모습에 대한 칭찬을 아끼지 않는 것도 중요합니다.

"너는 어떤 걸 하든 열정이 느껴져서 좋아. 배우는 것도 좋아하는 것 같은데 어때? 아마 이번 기회를 통해 네가 엄청 성장할거야. 항상 열심히 하는 모습이 옆에서 볼 때 정말 좋아. 힘들 텐데도 자기계발을 열심히 하는 네 모습을 보면서 나도 자극을 받는다니까."

목표를 설정하도록
후배를 돕자

명령이나 지시, 충고, 평가를 하기보다는 스스로 목표를 설
정하고 실행에 옮길 수 있도록 옆에서 도와주세요.

목표 설정하기

피터 드러커(Peter Drucker)의 책인 『경영의 실제』에서는 목표달
성을 강조하면서 모든 경영 분야에는 반드시 목표가 설정되어야
한다고 주장했습니다. 여기서 말하는 목표는 조직의 목표입니다.

요즘 세대들에게 조직의 목표는 남의 이야기처럼 들릴 것입니
다. 이제는 조금 변화된 목표 설정이 필요한 때입니다. 기존의 경
영방식에서는 상사가 모든 것을 결정하고 부하는 오직 수행만
했기 때문에 철저한 감독과 통제에 의한 업무방식이었습니다. 또
한 일방적인 명령과 복종체제인 상명하복이 강요되면서 구성원
들의 자발적인 동기나 창의력을 떨어뜨렸죠.

그렇다면 90년생에게 성과를 끌어내기 위해서는 무엇이 필요할까요? 이들은 업무 진행 과정에서 도전을 하거나 무언가 쟁취하려고 하고 커리어에 대한 열정도 있지만 목표를 위해서 노력하는 만큼 그에 맞는 대가를 원합니다. 자신이 원하는 것을 얻기 위해서는 참을 줄도 압니다. 단, 이들은 회사의 성장이 개인의 성장이라고 생각하지 않습니다. 따라서 개인이 성장할 수 있는 목표를 설정하는 것이 중요합니다.

또한 이들에게는 단기간의 목표를 제시하는 것이 좋습니다. 먼 미래를 바라보며 일하지 않기 때문에 일주일, 2주, 한 달 단위로 나누어서 이들이 목표를 설정할 수 있도록 해야 합니다. 이것이 이들이 가진 열정을 잘 활용하는 방법입니다. 이렇게 목표 설정을 할 때 선배가 코칭 프로세스를 적용해서 대화를 하면 후배가 스스로 목표 설정을 하도록 도울 수 있습니다.

코칭 프로세스 중 가장 일반적인 형태인 'GROW 모델'을 적용해보려고 합니다. 이름 그대로 G, R, O, W 등 4단계로 이루어집니다.

우선 G는 Goal을 의미하며, 코칭목표를 정하는 단계입니다. 가벼운 이야기로 대화를 시작해서 목표를 설정하는 것까지 진행합니다. 후배가 어려워하지 않도록 편안한 분위기를 만들어주고, 자신의 목표를 스스로 설정할 수 있도록 돕는 것이 가장 중요합니다.

두 번째는 R단계입니다. Reality를 뜻하며, 목표와 관련된 현실적인 상황들을 점검할 수 있도록 이야기를 나눕니다. 목표와 현실 간에 거리감이 있는지 확인하고, 과거의 비슷한 사례들이 있는지 들어보는 것도 좋습니다.

세 번째는 O단계입니다. Option을 의미하며, 목표를 향해 나아가기 위한 다양한 아이디어와 대안을 모색할 수 있습니다. 여기서 주의할 점은 후배가 대안을 찾도록 기다려주는 것입니다.

마지막은 W단계입니다. Will을 뜻하며, 목표와 관련된 행동을 할 수 있는 실행의지를 다져야 하는데, 가볍게 시도할 수 있는 과제를 정하는 것이 중요합니다.

이러한 순서대로 후배에게 각 단계에 맞는 질문을 하면서 단기적인 목표를 설정하고 실행에 옮길 수 있도록 돕습니다.

이와 함께 SMART원칙에 맞는 목표 설정을 하면 조금 더 목표가 명확해지고 실행결과에 대한 측정이 가능합니다.

Specific: 목표는 구체적이고 명확하게 표현되어야 한다.

Measurable: 목표는 측정될 수 있어야 한다.

Accurate: 목표는 요구되는 바에 적합해야 한다.

Realistic and tangible: 목표는 현실적이며 달성할 수 있어야 한다.

Time bound: 목표 달성 기간이 정해져 있어야 한다.

목표 설정 단계에서 중요한 것은 편안한 관계를 만드는 것입니다. 선후배 간 관계가 원만하지 못하면 제대로 된 목표 설정은 어렵습니다. 만약에 사이가 조금이라도 불편하다면 가벼운 이야기로 시작해서 긍정적인 생각을 할 수 있는 질문을 던져보세요.

- "요즘 어떻게 지내?"
- "지난 일주일동안 기분 좋은 일을 꼽는다면 뭐가 있었어?"
- "요사이 특별한 일이 혹시 있었어?"

현실 탐색 및 대안 모색하기

후배와 함께 목표를 설정했다면 이젠 그 목표를 이루기 위해 어떤 노력을 하고 있는지 점검하는 게 필요하겠죠. 코칭 프로세스의 2단계는 바로 현실을 탐색하는 단계입니다.

후배의 상황을 들여다보는 질문들을 하면서 대화를 이어나가면 됩니다. 적절한 질문들을 몇 가지 꼽아볼게요.

- "우리가 정한 목표를 생각하면서 새롭게 시도해본 게 있니?"
- "실제로 해보면서 느낀 게 있어?"
- "예전에도 이런 일을 해봤어?"
- "하면서 어려운 건 없었어?"

제가 이 질문들을 굳이 반말로 표현한 이유는 코칭이라는 학문이 영국과 호주, 미국 등을 중심으로 발달하다보니 우리나라 말로 번역되면서 말의 뉘앙스나 우리나라 말에 어울리지 않는 표현들이 있기 때문입니다. 그걸 존댓말로 하면 오히려 더 어색하고 인위적인 느낌이 들어서 최대한 평소에 사용하는 말로 표현했습니다.

　실제로 대화할 때도 일상처럼 편안하게 질문해야 속 이야기를 할 수 있다고 생각합니다. 질문이 어색하면 답변도 어색할 수밖에 없습니다. 반말이 불편하다면 위에 제시한 질문에 존대어만 붙여서 말해보세요.

　현실을 탐색하는 질문을 할 때 주의해야 할 부분은 후배에 대해 선입견을 갖거나 평가하려는 마음을 내려놓는 것입니다. 후배가 말하는 것에 공감해주고 긍정적으로 반응해주는 것이 가장 좋습니다.

　그럼 현실적인 대안을 찾는 3단계로 넘어가볼까요? 목표를 이루는 데 도움이 되는 다양한 아이디어가 나오면 좋습니다. 평소에 생각하지 못했던 새로운 아이디어가 선배와의 대화를 통해 생긴다면 후배는 선배를 보는 시각이 달라질 겁니다. 물론 후배 스스로 생각하게 만들어야 합니다. 후배에게 영감을 줄 수 있는 질문을 계속 고민해봐야 합니다.

- "혹시라도 목표가 뜻대로 이루어지지 않는다면 어떻게 하면
   좋을까?"
- "가장 먼저 할 일이 뭐라고 생각해?"
- "당장 바꿀 수 있는 점이 있다면 어떤 부분이야?"
- "혹시 목표를 이루기 위해서 멈춰야 하는 일은 없을까?"

실행 의지 다지기

마지막 단계에서는 목표를 이루기 위해 계획했던 내용들을 실행
에 옮길 수 있도록 지금까지 나눈 이야기를 정리합니다. 후배와
아무리 많은 이야기를 했어도 계획만 세우고 행동의 변화가 없
다면 좋은 결과로 이어지지 않습니다. 대화를 마무리하면서 가
장 중요한 것은 행동계획을 실천할 수 있도록 다짐하고, 앞으로
진행 상황들을 어떻게 피드백하면 좋을지 이야기를 나누는 것이
필요합니다.

  이쯤 되면 후배들은 열심히 해보겠다는 다짐을 할 것입니다.
여기서 후배에게 지나치게 부담을 주면 안 됩니다. 오히려 후배
가 지나치게 의욕에 불타서 적극적이라면 이 역시 조절해주는
것이 좋습니다.

  GROW 모델을 적용한 코칭 대화는 일주일에 한 번씩 1시간
정도의 시간 동안 진행하는 것이 가장 바람직합니다. 일정을 협

의해서 정하고 일주일 간격으로 만나 코칭대화를 나누면서 한 주 동안 실행했던 것들을 점검하는 것이 좋습니다.

연구자 돈 헬리겔(Don Hellriegel)과 존 슬로컴(John Slocum)은 성과목표에 대해서 5가지의 기준을 만족해야 한다고 말했습니다. 분명하고 세밀하며 모호하지 않아야 하고, 요구되는 조건을 정확하게 기술해야 하며, 조직의 정책과 절차에 일치해야 하고, 경쟁력을 지녀야 하며, 흥미와 동기부여, 도전감 등이 유발되어야 한다고 했습니다.

목표만 제대로 세워도 좋은 결과는 따라옵니다. 후배의 성장 발전뿐만 아니라 그 모습을 바라보며 선배도 더 노력할 수 있게 됩니다. 그것이 조직의 성장으로 이어지는 선순환이 되길 바랍니다.

- "오늘 우리가 이야기한 내용을 간단히 정리해볼래?"
- "내가 도와줄 게 있을까?"
- "우리가 지금까지 이야기 나눈 것들을 하나씩 실천하고 있다 는 것을 내가 어떻게 알 수 있을까?"
- "혹시 이야기 나누면서 새롭게 생각난 게 있어?"

90년생의 특성은 정의하는 사람마다 다릅니다. 그 중 공통적인 것을 정리해보면, 개인

의 취향이 확실하고, 자유롭게 일할 수 있는 환경을 선호합니다. 무슨 일이든 재미있어

야 하며 간단해야 합니다. 이들의 표현이 다소 거칠고 지나치게 솔직할 수 있는데 악의

는 없습니다. 실용적인 것을 선호하다보니 인간관계에서도 그런 모습이 보입니다. 이들

과 슬기롭게 공존하기 위해 내 후배를 떠올리며 실제로 적용해보세요.

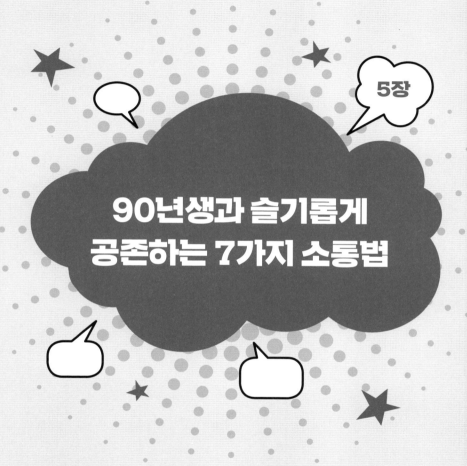

5장

90년생과 슬기롭게
공존하는 7가지 소통법

개인의 취향을 존중하라

후배의 생각과 삶의 방식, 개인의 음식 취향까지 모두 존중해주세요. 각양각색 덕질도 그들에겐 소중한 취미입니다.

개별성을 인정하기

밀레니얼 세대라고 모두 똑같이 생각하면 큰 오산입니다. 80년대 생과 90년대 생들은 전혀 다르게 느껴질 만큼 차이가 큽니다. 이들 사이에서도 한 사람 한 사람의 모습이 달라서 하나로 묶어 어떤 특성이 있다고 표현하는 것도 무리가 있습니다.

그럼에도 불구하고 기성세대들은 밀레니얼 세대의 특징을 규정지으려고 노력합니다. 그래야 교과서처럼 공부할 수 있으니까요. 그 마음을 담아 5장에서는 90년생들의 보편적인 특징들을 다루려고 합니다.

어떤 후배는 상사와의 의사소통에서 솔직함이 필요하다고 생각하기도 하고, 어떤 후배는 그래도 상사에게는 예의를 지키며 다소 부당한 지시라도 참고 넘겨야 한다고 말합니다. 90년생이라고 해서 모두 다 버릇없는 것은 아닙니다. 기본적으로 개별성이 있다는 것을 인정하는 것이 필요합니다.

이들에게 '예의'라는 의미는 모두 동일하게 적용되지 않습니다. 누구는 구내식당에 줄을 서있다가도 선배가 오면 양보를 하는 것이 예의라고 생각하고, 누구는 '요'자만 붙이면 예의를 지키는 것이라고 생각합니다. 이런 상황이니 내 직속 후배를 이해하기 위해서는 그가 어떤 성향인지, 어떤 가치관을 가지고 있는지 등을 직접 파악하는 것이 좋습니다. 그에 대해 정보를 얻었다면 그들의 생각과 삶의 방식을 인정해주는 것이 필요합니다. 그래야 그들을 진정으로 이해할 수 있습니다.

"사람마다 각자 삶에서 중요한 게 다 다른 것 같아. 나는 살면서 안정적인 것보다는 재밌는 걸 선택하는 편인데. 넌 살면서 뭐가 가장 중요하다고 생각하니?"

취향대로 먹고 마시기

요즘은 음식에 있어서도 호불호가 확실합니다. 그 말은 음식을 강요하지 말자는 겁니다. 어떤 사람에게는 맛있는 음식도, 어떤 사람에게는 입에도 못 댈 정도로 꺼려하는 음식이 되기도 합니다. TV에 소개되는 맛집을 찾아가도 맛있다는 사람과, 그 정도까진 아니라고 평가하는 사람이 있습니다. 서로 쿨하게 다름을 인정하는 태도가 필요합니다.

최근에는 다양한 나라의 음식들을 맛볼 수 있는 음식점들이 많아졌는데요. SBS〈백종원의 골목식당〉프로그램에 소개된 식당 중에 멕시코 요리인 '타코'를 가지고 멕시코 전통의 맛을 살릴지, 아니면 우리나라의 입맛에 맞게 바꿔서 퓨전음식으로 할지 고민하는 모습을 봤습니다. 고민한 이유는 어떤 사람은 향이 좀 진한 것이 그 나라의 음식을 있는 그대로 맛볼 수 있다고 좋아하지만 어떤 사람은 향이 나면 먹지 못하는 사람도 있기 때문입니다.

식당을 운영하는 데만 이런 어려움이 있는 것이 아닙니다. 회식 장소를 정할 때도 모든 사람의 취향을 고려하려니 만만치 않게 어려운 선택입니다. 예전에는 상사 취향에 맞게 정했는데 이제는 그렇게 되면 같이 먹으려 하지 않으니 후배들의 의견을 반영합니다.

게다가 최근에는 채식주의자, 단백질 식단, 저탄수고지방 식단, 간헐적 단식 등 다양한 형태의 식생활을 추구하고 있습니다. 그래서 점심시간에 다 각자 먹기도 하죠. 이제는 이런 개인의 음식취향을 인정하는 것도 필요합니다.

"누가 나한테 좋아하는 음식을 묻는데 딱히 생각나는 게 없더라고. 싫어하는 걸 물어보면 바로 말할 수 있는데, 오히려 좋아하는 건 찾기가 어렵더라. 넌 좋아하는 음식이 뭐야?"

각양각색 덕질 존중하기

2018년 트렌드모니터가 전국의 성인남녀 1천 명을 대상으로 개인의 취향에 대해 설문조사한 결과 '한 번쯤 덕질을 해봤다'는 사람이 96%에 달했습니다. '다소 지나쳐 보일 수 있는 덕질'에 대해서도 77%가 긍정적으로 바라본다고 응답했습니다.

'덕질'은 자신이 좋아하는 분야에 심취해서 그와 관련된 것을 모으는 것입니다. 거의 대부분의 사람들이 한 가지씩은 자신이 좋아하는 것을 모으거나 찾는 경향을 보인다는 것이 놀랍습니다.

저도 생각해보니까 문구류 덕질을 하더라고요. 대형 서점에만 가면 수첩을 하나씩은 꼭 사오고요. 볼펜을 모으는 덕질을 언제부턴가 시작해서 볼펜이 신발 박스로 몇 박스가 될 정도입니다. 특히 강의를 하러 지방에 자주 다니다보니까 호텔에 가거나 연수원에 가면 로고가 찍힌 볼펜을 챙겨옵니다.

여러분도 하나씩은 덕질 경험이 있을 것입니다. 특이한 덕질에 대해 편향된 시각으로 보거나 이해할 수 없는 시선을 보내는 것은 지양해야겠습니다.

요즘은 '덕업일치'라는 신조어도 있습니다. 관심사를 직업으로 삼는다는 말로, 좋아하고 재미있는 일이 직업으로 연결되는 경우를 흔하게 볼 수 있습니다.

좋아하는 분야의 덕후들을 보면서 정보도 얻고 자신만의 덕질하는 과정을 개인 SNS로 기록도 남기면서 즐거움을 2배로 느낍니다. 이제는 좋아하는 것들을 광적으로 사서 모으는 덕후들이 이상한 시대가 아닙니다. 그것이 오히려 개인의 경쟁력이 될 수 있습니다.

"넌 진짜 얼리어답터구나. 난 전자제품에는 정말 문외한이라 쓰던 것도 성능을 잘 모르는데 말이야. 새로 나오면 그 제품이 사고 싶은 거지? 써보니까 추천해줄 만한 제품이 있어?"

자유롭게 일할 수 있는
환경을 만들어라

모두 같은 시간에 출퇴근하는 건 옛날이야기죠. 일하는 환
경도 바뀌고, 워라밸 문화도 거스를 수 없는 흐름이에요.

탄력근무제 활용하기

주 52시간 근무제가 이제 자리를 잡고 있습니다. 유연 근무제도
잘 활용하고 있습니다. 이보다 근무시간을 더 줄이려는 회사들도
등장하고 있습니다. 자체적으로 직원들에게 휴식 시간을 더 주기
도 하고, 지정 휴일을 만들기도 합니다. 이러한 변화는 근무 시간
을 단축하는 것이 집중해서 일하게 해서 오히려 성과 측면에서
더 좋다는 판단에서입니다.

특히 창의적인 아이디어가 필요한 게임회사들은 52시간 근무
제에 맞춰 자체적으로 정한 근무제도를 통해 자유롭게 일할 수
있는 환경을 만들고 있습니다. 카카오게임즈는 월요일 출근시간

을 30분 늦추고 금요일 퇴근 시간을 앞당기고 있습니다. 매월 마지막 주 금요일을 휴일로 지정하는 '놀금데이'를 통해 근무시간을 더 줄이고 있습니다. 이에 대해 근무시간이 변경된 후에도 처리해야 하는 업무는 같지만, 삶의 만족도는 매우 높아졌다고 평가하고 있습니다.

게임 회사인 웹젠은 2018년 7월부터 자율 출퇴근제를 시범 도입하고, 2019년 1월부터 유연 근무제를 본격적으로 시행하고 있습니다. 주 40시간을 넘지 않는 선에서 개인이 출퇴근 시간을 자유롭게 조정할 수 있도록 했습니다. 하루 최소 근무시간 4시간만 채우면 월간 총 근무시간은 마음대로 할 수 있는 것이죠.

'선택의 자유'가 중요한 90년생들은 스스로 내린 결정에 대해서 큰 만족감을 느낍니다. 이들에게 탄력 근무제는 매우 매력적인 제도인 것이죠. 휴가를 마음대로 갈 수 있는 것도 선택의 자유를 보장받는 길이고요. 다양한 복지혜택도 자신들이 선택할 수 있다면 그만큼 동기부여가 됩니다.

탄력근무제에 대한 한 회사의 사례를 살펴보겠습니다. 이 회사에서는 전 직원들에게 탄력근무제도에 대해 공지하면서 부서장들에게는 이 제도를 활용하려는 직원들이 자유롭게 이를 이용할 수 있는 환경을 조성해달라고 했습니다. 저녁이 있는 삶을 만들고자 하는 회사 분위기 속에서 한 부서장이 팀원들에게 한 가지 규칙을 제안했습니다. 출퇴근 시간이 바뀌면 하루 전에는 보고하라는 내용이었습니다.

과연 이 규칙이 회사에서 말하는 '자유롭게 일할 수 있는 환경'에 부합하는지와 최근 90년생들과 함께 일하는 방법에 맞는지도 고민해봐야 하겠습니다. 물론 부서장의 입장에서는 직원들의 출퇴근을 알아야 일처리에 문제가 없다고 생각하겠지만 직원들의 입장에서는 눈치를 보는 상황이 될 수 있겠죠.

이 회사뿐만 아니라 선후배간의 회사제도에 대한 생각이 달라서 갈등이 생기는 경우가 많습니다. 이제는 근무시간이 중요한 것이 아닙니다. 근무시간에 대한 자율성을 주되 업무평가로 책임소재를 분명히 하면 됩니다.

"우리 근무시간은 자유롭게 하되 자기 일은 절대 놓치는 일 없이 잘 챙겨서 합시다!"

공유 오피스로 함께 일하기

최근 많은 기업들이 일하는 환경을 바꾸기 위해 나섰습니다. 대한상공회의소가 2018년 국내 상장사를 대상으로 직장인 4천 명에게 설문조사를 실시한 결과, 직급이 낮을수록 직장에서 일하는 방식에 대한 평가가 부정적이었습니다. 사원들은 자율성과 동기부여에 대해서 긍정적인 응답률이 가장 낮았습니다.

이러한 인식을 바탕으로 업무 방식을 바꾸고자 시도하는 기업들이 있습니다. LG유플러스는 2018년부터 '월수금 회식 금지령'이 내려졌습니다. 칸막이 너머로 상사가 내려 보는 형태의 사무실 구조도 공유 오피스 형태로 바꾸고 있습니다.

SK는 2019년 4월 공유 오피스를 마련해서 계열사 직원들이 자유롭게 일할 수 있도록 변화를 시도하고 있습니다. 서서 일하는 좌석이나 라운지 등 각자 편한 곳에서 일하면서 업무 몰입도가 높아졌다고 합니다.

NH투자증권은 2019년 7월에 창의적인 공간인 '크리에이터 라운지'를 열었습니다. 상시 오픈형 공간으로 다양한 업무와 휴식이 가능하도록 구성했습니다. 보드판, 포스트잇 등을 비치해 창의적인 회의를 할 수 있는 회의 공간과 긴 의자에 누구든 자유롭게 앉아서 소통할 수 있는 공간, 혼자 조용히 업무에 집중할 수 있도록 1인 공간도 마련했습니다. 또한 직원들이 휴식시간에 피로를 풀 수 있도록 안마의자를 비치해 업무 효율성을 높일 수 있도록 했습니다.

현대카드 역시 수평적 기업문화를 만들고 협업을 촉진하기 위해서 파티션을 제거하고, 자유로운 커뮤니케이션이 이루어질 수 있도록 책상도 유연하게 배치했습니다. 간단한 회의라면 굳이 회의실에서 하지 않고 높낮이 조절이 가능한 책상을 올리고 서서 의견을 교환하게 했습니다. 임원들에게도 일반 직원들과 동일한 사무공간이 제공되면서 직급과 관계없이 앉다 보니까 옆자리에 있는 직원들과도 자연스럽게 커뮤니케이션이 늘었다고 합니다.

이런 사무실 환경의 변화로 자유롭게 일할 수 있고, 소통도 더 원활하게 이루어지고 있습니다.

> "요즘 공유 오피스 형태로 바꾸는 회사들이 많더라. 우리도 사무실 구조를 조금 바꿔보면 어떨까? 서로 부담스럽지 않으면서 자유롭게 의견을 나눌 수 있게 말이야."

워라밸 문화 정착시키기

90년생들에게는 워라밸이 당연한 것으로 여겨지겠지만 선배들은 이런 말을 합니다. "후배들의 워라밸을 위해 나의 워라밸을 포기했다"라고요. 제가 강의에서 한 설문조사 결과로 나온 의견인데 씁쓸하더라고요. 슬픈 이야기라고 넘길 수만은 없습니다. 모두의 워라밸을 위해 노력해야죠.

GS샵은 직원들이 만든 자기계발 모임을 지원하는 시스템을 운영합니다. 직원 5명 이상이 모여서 배우고 싶은 주제를 정하면 사내에서 강의를 받을 수 있도록 비용을 지원하고 있는데 인기가 높습니다. 퇴근 후 이루어지는 모임이라 자유로운 분위기 속에서 자신의 성장을 위한 시간을 만들 수 있습니다.

특히 요즘은 '직장인 브이로거 전성시대'라고 불릴 만큼 개인의 삶에 집중하는 시간이 늘어나면서 퇴근 후 취미생활을 넘어 경제적 보상도 뒤따를 수 있는 'N잡러'들이 많아지고 있습니다. 'N잡러'는 2개 이상의 직업을 가진 사람들을 의미하는데, 생계형 투잡과는 다르게 자아실현을 위한 도구로 활용되고 있습니다.

직장인들의 브이로그는 출근 준비부터 출근길, 점심 식사 시간, 퇴근 후 여가시간까지 하루 일과를 담습니다. 직장인 브이로그의 인기 요인은 정보라기보다 공감 포인트가 있다는 것입니다. 특별할 것 없는 일상을 보면서 공감과 위로를 얻는다고 합니다. 자신이 좋아하고 즐기면서 그것으로 수익까지 낼 수 있다면 직장인 입장에서는 정말 좋을 것입니다.

아직까지 유튜브 활동 금지와 관련된 판례가 없는 등 명확한 기준이 세워지지 않은 상태라 기업에서도 막거나 제한할 수는 없는 상황입니다. 업무 시간에는 본업에 성실하게 임하고 사생활 영역인 유튜버 활동은 존중하는 문화가 정착되면 좋겠습니다.

워라밸 문화의 확산으로 이제는 여름휴가도 '7말 8초' 공식이 깨지고 있습니다. 휴가의 유연성이 커지면서 여행 시기와 패턴도 다양해지는 모습입니다. 직장인들이 이제는 자유롭게 휴가를 사용하는 문화가 자리잡고 있고, '휴가는 한여름에만 가야 한다'는 인식이 깨지기 시작했습니다. 최근 2030세대를 중심으로 확산되는 워라밸 트렌드와 주 52시간 근무제 등이 이러한 변화를 이끌고 있습니다.

어린이집 방학이나 학원 방학 등에 맞춰 휴가를 7말 8초에 가야만 하는 것이 아니라면 가능한 그 시즌을 피해서 가는 사람들이 많다는 것을 느끼고 있습니다. 이렇듯 퇴근 후 자기계발이나 내가 원하는 시즌에 휴가를 갈 수 있는 변화들이 워라밸 문화가 정착되고 있다는 증거가 아닐까 싶습니다.

"휴가 일정은 모두 자유롭게 정합시다. 서로 조금씩 배려하면 다 원하는 일정에 갈 수 있으니까 최대한 맞춰보자고!"

재미를 추구할 수
있게 하라

재미있게 살고 싶어하고, 의미 있는 일을 하고 싶어하는 후
배들과 함께 행복하게 일할 수 있는 방법을 찾아봅시다.

좋아하는 일 하기

2019년 7월 서울신문이 전국 성인 남녀 1천 명을 대상으로 '성
공과 가장 가까운 모습'을 물었는데 30대 이상의 모든 연령대가
'건강하고 평온하게 주변 사람들과 행복한 것', 즉 안정된 삶을
1위로 꼽았습니다. 그러나 20대 이하에서만 '내가 꿈꾸던 직업을
갖고, 하고 싶은 일을 하며 사는 것', 즉 자아실현이 가장 높게 나
타났습니다.

이 설문조사를 하면서 서울신문이 90년대생 20명에 대한 심층
인터뷰를 실시했는데, 이들은 '성공'이라는 단어 자체가 낯설다
고 말했습니다. 그래서 '성공'이란 단어 대신 '어떻게 살면 잘 사

는 것일까?'라는 질문으로 바꿨더니 '재미있게 사는 것' '하고 싶은 것 하면서 하루하루 즐겁게 사는 것'이라고 답했습니다. 90년생들이 생각하는 자아실현은 재미있는 순간들이 쌓이는 것이라는 것을 알 수 있습니다. 이들은 '현재를 즐기자'는 모토로 살아가기 때문에 회사든 사회든 나의 현재를 망친다면 미련 없이 뛰쳐나올 수 있다고 말합니다.

90년생들의 공통점은 '나' '의미' '재미' '행복' 등의 단어로 정리할 수 있습니다. 재미있는 일을 하면서 행복을 느끼는 삶이 성공이라고 여기는 이들은 '꼰대' '옛날방식' '불공정' 등에 강한 반감을 갖고 있습니다.

꼰대들이 부당하게 대우하면 당장이라도 직장에 사표를 던지겠다는 이들은 즉흥적인 것이 아니라, 아닌 것은 빨리 포기하고 자신에게 더 의미 있는 일과 조직을 찾아 나서는 것이라고 볼 수 있습니다. 이렇게 생각하는 이들에게 직장에서 '성공'해야 되지 않느냐고 설득하는 것은 어불성설이 아닐까요?

"요즘 90년대생들은 하고 싶은 일을 하면서 사는 걸 원한다는데, 넌 어떻게 사는 게 잘 사는 것 같아?"

의미 있는 일 하기

90년생들은 성취보다는 개인의 성장에 더 무게를 둡니다. 직장에서 승진하기 위해 애쓰는 건 의미 없다고 생각하지만 자신이 하고 있는 일이 자신의 성장을 위한 것이라면 최선을 다합니다. 일을 통해서 자신이 원하는 결과가 나온다면 그걸로 만족합니다.

따라서 악착같이 성공하려고 하지는 않습니다. 자신에게 의미 있고 좋아하는 것이라면 돈과 상관없이 그 일을 택합니다. 이들을 회사에서 열심히 일하게 하려면 지금 하는 일이 어떤 의미를 갖는지 알려줘야 합니다.

물론 기성세대들이 생각할 때 일을 시키면서 왜 의미까지 이야기해야 하냐고 하겠지만, 이들에게는 스스로에게 의미 있는 일을 하는 것이 자신의 역량을 최대로 발휘하게 하는 중요한 요소이기 때문입니다. "시키면 시키는 대로 그냥 해"라는 말은 이제 통하지 않습니다. 선배가 일방적으로 결정하는 것이 아니라 후배의 의견을 묻기도 하고 설득하기도 하면서 일을 진행해야 합니다.

동아일보 기사에 따르면 2016년 미국 자산운용사 피델리티 (Fidelity)의 조사 결과 90년생은 '일의 질'을 높일 수 있다면 한화로 연봉 880만 원을 포기할 수 있다고 답했습니다. 여기서 말하는 '일의 질'이란 경력에 도움이 되고, 의미 있는 일, 기업 문화가 좋은 회사, 워라밸 등의 요소를 말합니다. 이 말은 나에게 의미 있고 기업문화가 마음에 든다면 연봉 약 1천 만 원 정도는 덜 받아도 그 회사를 택하겠다는 것입니다.

한국의 밀레니얼 세대들도 빡세게 일을 하면서 연봉이 높은 곳과 여유 있게 일하면서 연봉이 낮은 곳을 택하라면 미국과 비슷한 선택을 한다는 설문결과도 있습니다. 이들이 워라밸을 좇는 이유는 일에서 삶의 의미를 찾고 행복을 느끼고 싶어하기 때문입니다. 자신이 하는 일이 스스로를 성장시키지 못한다고 느끼면 다른 쪽에서 성장하고 싶어합니다. 조직 밖에서 삶의 의미를 찾으려고 하는 거죠.

이런 모습을 보는 선배 입장에서는 워라밸의 '라이프'만 중요하게 챙기는 것 같아 마음에 들지 않는 것입니다. 그들이 하는 일에 의미와 가치를 부여해주고 성장할 수 있는 발판을 마련해주면 팀을 더 성장시키는 데 보탬이 될 수 있습니다.

"이 일이 단순한 것 같지만 이 일을 가장 잘할 수 있는 사람이 너라서 맡기는 거야. 그만큼 의미 있는 일이니까 네가 잘 챙겨줬으면 좋겠다."

행복하게 일하기

2030세대인 밀레니얼 세대에게 가장 중요한 가치는 '나의 행복'입니다. 먹고 살기 위해 일하는 것이 아니라 '나'를 중심으로 행복한 일을 꿈꿉니다. 사회가 정한 기준에 따르는 것이 아니라 자기 스스로의 기준에 따라서 진정한 삶의 행복을 찾습니다. 혼자만의 시간이 행복하다면 그걸 선택하죠. 혼자 밥을 먹거나 차를 마시는 것도 자연스러운 모습이 되었고요. 홀로 가는 여행도 "왜?"라고 묻지 않고 어디로 가는지부터 묻게 되었습니다.

90년생들은 일에서 오는 스트레스를 자신만의 방법으로 풀고 있습니다. 그래야 일할 동기도 생기니까요. 일상 속 소소한 행복을 찾는 거죠.

한 회사의 부서장은 "회사에서 어떻게 하고 싶은 일만 하냐. 내가 남들 쉴 때 안 쉬고 일하라는 거 다 했으니까 지금 이 자리에 있는 거야"라고 말합니다. 이 말을 들은 90년생들은 이렇게 생각합니다. '그 자리 별로 안 좋아 보이는데? 주말에 쉬지도 못하고 사무실에서 일하지, 휴가도 안 가지, 가족과 보내는 시간도 없지. 그러다 집에서 왕따당하는 거지. 본인은 행복하다고 하지만 우리가 보기에는 전혀 행복해보이질 않는데?'라고 말입니다.

90년생들은 나중에 이룰 성공을 위해 열심히 일하는 것보다는 지금 본인이 행복해지기 위해서 일하는 겁니다. 기성세대는 행복을 '회사에서의 성공'에 둔다면 90년생들은 '나의 행복'을 최우선 가치로 둡니다.

SK그룹은 미래 환경변화에 발맞추어 구성원들의 행복을 극대화하기 위한 '행복전략'을 세우기로 했습니다. 이 전략의 실천을 위해서 경영진이 톱다운 방식으로 행복전략을 제시하는 것이 아니라 구성원들이 직접 참여해 행복전략을 만들어 나갈 것이라고 설명했습니다. 모든 구성원이 함께 행복전략을 완성한다면 어떤 글로벌 위기도 극복할 수 있는 힘이 생길 것이라고 밝혔습니다. 최태원 회장은 지금까지는 돈을 버는 데 구성원들이 얼마나 기여했는지에 따라 평가와 보상을 했지만 앞으로는 구성원 전체의 행복에 얼마나 기여했는지에 따라 판단하겠다고 말했습니다.

이처럼 행복하게 일하는 환경을 만들기 위해 노력하는 기업들이 늘어나고 있습니다. 저성장 시대에 현실적인 방법으로 함께 행복하게 일할 수 있는 방법을 모색할 때입니다.

"행복하게 사는 게 가장 좋은 것 같아. 직장에서 시간을 제일 많이 보내는데 스트레스 받으면 얼마나 피곤한 일이야. 어디서 일하든 직장인들은 다 비슷하잖아. 우리끼리라도 좀 편하게 일하자."

90년생의 솔직함을 수용하라

선후배가 함께 합의하는 룰을 정하거나 원칙에 따라 공정하고 투명하게 일을 처리한다면 문제될 것이 없습니다.

원칙주의 인정하기

9시 출근, 6시 퇴근이면 9시까지 오는 게 원칙입니다. "10분 일찍 오라"는 선배의 말에 "10분 일찍 퇴근하겠다"고 대답하는 후배에게 화를 낼 것이 아니라, 그동안 기성세대가 생각했던 회사 생활의 원칙과 지금의 세대가 생각하는 원칙이 다름을 인정하는 것이 필요합니다.

이들이 말하는 원칙주의란 계약된 내용을 명확하게 정의하고, 그것에 맞춰서 자신에게 주어진 업무에만 집중해서 일한다는 것입니다. 이들에게 업무를 지시하고 책임을 묻기 위해서는 이들의 업무 스타일을 이해하는 것이 필요합니다.

90년생들은 '왜 내가 그 일을 해야 하는가'에 대한 물음을 항상 가지고 있습니다. '당연히 월급 받으니까 시키는 일은 다 해야지'라는 마인드와는 완전히 다릅니다. 이들은 '월급 받으니까 월급 받는 만큼 해야지'라고 생각합니다. 이러한 원칙은 출퇴근 시간은 물론이고, 사규에 포함된 내용들, 최근에는 직장 내 괴롭힘 금지법 및 취업 규칙까지 회사 내에서 벌어지는 대부분의 일들에 해당됩니다.

따라서 이런 사항들이 문제가 되지 않으려면 선후배가 함께 합의하는 룰을 정하는 것이 좋습니다. 이렇게 정한 원칙은 기본적으로 회사의 내규에 따르고, 팀에서 벌어질 수 있는 세부적인 사안들에 대해서도 하나하나 논의하는 것도 좋은 방법입니다. 그 외의 사항에 대해서는 그들이 일을 어떻게 하든 신경 쓰지 마세요.

"지금까지 우리가 일했던 방식은 정말 모순이 많았어. 시키는 대로 해야 했으니까. 이젠 좀 달라져야지. 시어머니한테 당한 대로 며느리한테 하면 똑같은 사람이 되는 거잖아. 기본적으로 지켜야 될 것만 잘 지켜주길 바란다."

소신 표현 수용하기

상명하복 문화에서 수평적인 기업문화로 변화하고 있습니다. 옛날 방식을 고수한다면 후배들과 잘 지내기는 어렵습니다. 꼰대로 치부하며 고리타분하다고 여길 것입니다. 한 가지 예를 살펴보겠습니다.

KBS 〈회사 가기 싫어〉라는 프로그램에서 신입사원이 입사하자마자 점심에 개인적인 약속을 잡았습니다. 선배가 입사를 축하하기 위해 팀 회식이 있다고 말하는데도 자신은 약속이 있다고 참석을 거부했습니다. 신입사원은 왜 자신에게 물어보지도 않고 회식을 잡느냐고 하더군요. 점심식사는 당연히 팀에서 같이 해야 한다거나 회식은 무조건 참석해야 한다는 마인드는 이제 버려야 할 때입니다.

점심식사도 상사와 불편하게 함께 먹고 싶지 않다고 선언하는 직원들이 늘고 있습니다. 점심시간은 개인적인 공부를 하든, 운동을 하든 오직 자신만의 시간을 보내고 싶다는 것이죠. 점심시간까지 상사의 눈치를 보거나 비위 맞추는 것을 90년생들은 거부합니다.

또 흔히 겪는 에피소드는 퇴근 후 선배의 연락입니다. 요즘이야 직장 내 괴롭힘 금지법 때문이라도 참지만 아무 생각 없이 선배가 퇴근 후 톡을 보내면 후배들은 아예 읽지 않는 경우가 많습니다. 자신의 시간을 방해하는 것이라고 생각하기 때문입니다.

후배는 아침에 와서 이렇게 말합니다. "할 말 있으시면 회사에서 하시죠. 제가 퇴근 후에는 톡을 안 봐서요." 여기다 대고 왜 톡을 안 보냐고 해봐야 자기 마음이라고 하면 할 말이 없습니다. 마음 편하게 '넌 그렇구나'라고 생각하는 수밖에 없습니다. 후배라고 해서 선배 눈치 보는 건 호랑이 담배 피우던 시절의 이야기라는 것을 잊지 마세요.

"요즘은 점심에 운동하거나 공부하는 사람들도 많으니까 우리 점심은 각자 알아서 먹자. 점심 회식이 있으면 미리 공지할 테니까 다들 시간 맞춰보면 되지. 식성도 다 달라서 같이 먹기 서로 불편한데 굳이 그럴 필요 없잖아. 점심시간만이라도 다들 편하게 보내자."

투명성에 익숙해지기

90년생들은 공정성과 투명성을 중요하게 여깁니다. 자신이 달성한 성과도 구체적인 지표로 확인하고 싶어 하고, 그에 따른 보상도 투명하게 이루어지길 바랍니다.

그것은 대학 때부터 팀별 과제를 하며 각자의 할 일을 정확히 분배하고 얼마나 기여했느냐를 분명히 밝혀서 투명하게 평가받는 것에 익숙해져 있기 때문입니다. 이런 마인드를 가지고 조직에서 일하면서 자신보다 일을 하지 않은 사람이 보상을 더 많이 받는 것을 보면 당연히 인정할 수 없게 되죠.

이들은 공평하고 투명하지 않은 것을 묵과하지 않습니다. 전문가들은 90년생들의 이러한 공정성과 투명성이라는 중심 키워드가 유권자로서 정권교체를 하는 데 큰 영향력을 발휘했다고 분석합니다.

이들은 치열한 경쟁을 겪으며 직장인이 되었습니다. 살아남기 위한 발버둥과 경쟁에서 뒤처지지 않기 위한 노력을 했기 때문에 자신의 실력으로 인정받기를 그 어느 세대보다도 간절히 원합니다. 그러다보니 현재가 공정하고 투명한지에 대해 서로의 정보를 공유하며 객관적 판단이 가능한 타 회사 사람들에게 그 판단을 맡깁니다.

또한 이들은 정보는 누구도 독점해서는 안 되는 공공의 자산이라 생각하고, 정보를 원하는 사람은 쉽게 찾을 수 있어야 한다고 생각합니다. 조직 내에서 선배들만 정보를 독식하는 것이 아니라 회사 내 모든 정보는 함께 공유하며 각자 활용하는 것에 따라 평가도 공정하게 이루어져야 한다고 여깁니다.

이런 모습을 계산적이라고 생각하며 불편한 시선으로 바라보면 서로 힘들어집니다. 원칙에 따라 공정하고 투명하게 일을 처리한다면 문제될 것이 없겠죠?

"어떤 사람이든 자기의 의도나 능력과 상관없이 불합리한 상황이 생기면 분노하는 게 당연하지. 회사에서도 보이지 않는 손들이 워낙 많긴 하지만 우리 팀만큼이라도 공정하고 투명하게 일하자고."

간결함의 매력에 함께 빠져라

간결함과 신속함을 선호하다보니 대화에서도 간단한 걸 좋아합니다. TMI를 주의하고, 지적도 간결하게 하자고요.

줄임말에 적응하기

스마트폰으로 접할 수 있는 정보는 무궁무진합니다. 이런 정보과잉의 상태를 경험하며 자란 90년생들은 간결함과 신속함을 선호합니다. 그들은 대화에서부터 간결함을 추구합니다. 대부분의 말을 줄여서 사용하죠.

90년생들은 정보를 볼 때도 3줄 이상 넘어가는 글은 잘 읽지 못합니다. 간단하게 요약하고 핵심만 보기를 원합니다. 책도 리뷰를 읽고, 영화도 하이라이트를 보고, 유튜브도 5분 이내의 요약된 내용을 봅니다.

90년생들은 포털 사이트에서 뉴스를 보지 않습니다. 40대는 여전히 포털 사이트 메인에 뜬 뉴스를 주로 본다는 설문 결과도 있습니다. 2030세대는 자신의 취향에 맞는 뉴미디어 콘텐츠를 읽습니다. 관심이 있는 주제의 유튜브는 거의 TV보듯 틀어 놓습니다. 이들이 포털 사이트에서 기사를 외면하는 이유 중의 하나는 댓글에 공감하지 못하기 때문입니다.

또한 기성세대에게 맞는 '정통 기사체'가 낯설고 익숙하지 않다고 말합니다. 단순히 어려워서가 아니라 자신의 취향에 맞는 내용을 위주로 보기를 원합니다. 링크를 오고가며 읽는 것이 90년생들에게는 익숙한 방법입니다.

베스트셀러 『90년생이 온다』를 쓴 임홍택 저자는 이런 방법을 '비선형적 읽기'라고 말했습니다. 90년생들은 긴 글을 읽는 데 시간을 투자하기보다는 여러 정보들이 담긴 링크를 넘나드는 것이 정보의 양도 많고 자신들의 원하는 정보의 질도 채워진다고 보는 것입니다.

90년생들은 문자뿐만 아니라 영상에서도 간결함을 선호합니다. 유튜브를 보는 사람들도 한 영상을 끝까지 보는 사람들이 많지 않습니다. 유튜브 영상도 길다고 생각해 15초짜리 영상을 만들어 올리는 '틱톡'이 인기라고 합니다. 이제 간결함은 점점 더 빛날 것이라고 생각합니다.

기성세대들이 이런 간단함을 따라가기 위해서 줄임말을 사용하는 모습을 보고 90년생들은 안타까운 시선으로 꼰대들을 바라볼 뿐입니다. 우리는 예스러움을 살려서 더 정확하게 말하는 게 낫지 않을까요?

"아이스 아메리카노 한 잔 주세요!"

TMI 주의하기

요즘은 내가 하고 싶은 말만 하고, 내가 보고 싶을 때 보는 형태의 메신저 대화를 더 선호합니다. 90년생들은 보통 전화통화를 불편해하는데, 전화는 실시간으로 말하고 듣기를 해야 해서 미리 할 말을 정해놓지 않으면 두렵다고까지 하더라고요.

그러니 불쑥불쑥 전화하는 것보다는 메신저를 활용해 말하는 것이 좋겠습니다. 전화가 더 편한 기성세대들은 문자로 쓰기 불편해서 전화한다고 하는데, 후배들은 그것을 더 불편해한다는 것을 기억하세요.

또한 이들은 시시콜콜한 이야기를 하는 선배들을 불편하게 생각합니다. 이런 선배들을 TMI라고 부르죠. 말 많은 사람, 과도하게 정보를 주는 사람을 말합니다. 후배가 업무에 대해 물어봤는데 물어본 것을 후회하게 만들 정도로 과한 정보를 주는 경우도 있고요. 묻지도 않았는데 먼저 자신의 경험담을 쏟아내는 것도 90년생들에겐 부담스럽습니다.

후배가 편해서 개인적인 이야기를 할 수도 있지만 후배 입장에서는 듣기가 불편할 수도 있습니다. 자신의 이야기만 하면 그나마 다행인데 후배의 이야기도 궁금해하고 사생활에 대해 물어보는 것은 불편함을 넘어 자신의 영역을 침해하는 것으로 여길수도 있습니다.

대화하면서 우리가 가장 신경써야 하는 것은 말의 양입니다. 내가 너무 많은 이야기를 쏟아내고 있는 것은 아닌지 점검해보고 간추려서 말하는 습관을 길러야 합니다.

"내가 이번에 제주도로 여행 갔었잖아. 제주는 진짜 렌터카가 싸더라고. 지난번에 한 번은 서귀포에 가는데 택시로 갔었거든. 그랬더니 가는 데만 거의 4만 원 돈이 나오는 거야. 왕복하면 10만 원이잖아. 근데 렌터카 비용은 2박 3일 해봐야 주유비까지 해도 10만 원도 안되지. 제주에서뿐만 아니라 지방에 가면 택시비가 다 비싸서 내가 경주 갔을 때도 택시비 때문에 기절할 뻔 했잖아. 비행기 값보다 택시비가 더 나왔다니까." (X)

"이번에 제주도로 여행 갔었는데 맛있는 것도 먹고 진짜 힐링하고 왔어. 시간 되면 한 번 다녀와." (O)

지적도 간결하게 하기

90년생들은 학생인권조례 제정을 통해서 학교 체벌이 폐지되고, 교내 민주화가 정착되는 과정 속에 성장했습니다. 가정에서도 사랑스러운 아이로 예쁨을 독차지하며 자랐습니다.

부당한 권위나 힘에 대해서는 스마트폰으로 녹음하거나 영상을 촬영해 고발하며 자기 목소리를 냅니다. 직장 내 상사의 부당한 지시나 행위에 대해서는 직장인들이 사용하는 '블라인드'앱을 통해 고발하며 자신이 당한 부당함에 대항하며 살고 있습니다.

이들에게 틀린 것을 지적할 때는 구체적인 사항에 대해서 정확하게 언급하는 것이 필요합니다. 불분명한 지적이나 감정적으로 말하는 것은 피해야 하고요. 사실만을 가지고 간결하게 말하는 것이 중요합니다.

또한 했던 말을 반복하는 것보다는 어떻게 수정하는 것이 좋은지 팩트만을 가지고 말해야 합니다. 잔소리처럼 들릴 수 있는 말도 되도록 지양하는 것이 좋습니다.

"이 부분은 작년 자료를 보고 쓴 거니까 올해 업데이트 된 자료를 찾아보고 수정해봐."

관계 미니멀리즘을
인정하라

혼자 하는 것을 즐기고 업무적인 관계를 개인적 친분으로
여기는 걸 꺼려해요. 이들의 스타일을 존중해주자고요.

혼밥, 혼술, 관태기 존중하기

대인관계에 피로를 느끼는 사람들이 늘고 있습니다. 우리가 누군
가와 관계를 맺는다는 것은 상대에게 의지하거나 상대로부터 위
로받기 위해서일 것입니다. 그런데 오히려 대인관계로 인해서 상
처를 받는다는 생각을 하면 관계를 차단하게 되겠죠. 이렇게 사
람과 사람 사이에 관계를 맺는 것보다는 화면을 마주하거나 대
면하지 않는 방법을 선택하는 이들도 많습니다.

'관태기'는 '관계'와 '권태기'를 합해 만든 신조어입니다. 대인
관계에 권태와 회의감을 느끼는 것입니다. 관계를 맺는 것 자체
에 대해 필요성을 느끼지도 못하고 관계를 맺는다고 해도 에너

지를 쏟는 것에 피로감을 느낍니다. 이런 현상은 사람들의 생활 패턴도 바꾸어놓고 있습니다. 식당에서 혼자 먹는 사람이 있으면 흘끔 흘끔 봤던 것이 엊그제 같은데, 이제는 혼자 먹는 사람들만을 위한 식당들도 많습니다.

특히 KTX역에 가면 음식점들이 혼자 먹을 수 있게 1인용 테이블로 되어 있어서 다른 사람들을 의식하지 않고 먹을 수가 있습니다. 밥은 혼자 먹는다고 해도 고기를 혼자 구워 먹는 것은 상상하기 어려웠습니다. 고기, 곱창, 뷔페 등 '멘탈 갑'만이 할 수 있었던 행동들도 이제는 점점 자연스러워지고 있습니다.

혼술을 즐기는 사람들도 늘어나고 있습니다. 집에서 자신이 좋아하는 주류에다 먹고 싶은 안주를 직접 요리해서 먹는 사람도 많아졌습니다. 관계를 맺는 데 권태감이나 회의를 느끼며 굳이 애쓸 필요 없이 자신이 원하는 것을 선택하고 자신에게 최선을 다하고 있는 것입니다.

휴가 때엔 입조차 열기 싫다며 호텔에서 나 홀로 보내는 '호콕'족들도 늘고 있습니다. 휴가기간 동안 혼자 호텔에 머무는 이유는 깔끔한 곳에서 오로지 자신만을 위한 시간을 보낼 수 있기 때문입니다. 모든 것으로부터 떨어져서 혼자 있고 싶다는 거죠.

이렇게 호텔에 머물면서 책이나 영상만 보거나 아무것도 하지 않으면서 고립감을 즐기고 심리적 피로감을 최소화하는 것을 즐기고 있습니다. 혼밥, 혼행에 이어 호콕을 통해 그들만의 방식으로 휴가를 즐기며 심리적인 힐링을 하는 것으로 분석할 수 있습니다. 이렇게 아무것도 안하고 싶을 때 상사에게 연락을 받는 것은 최악이겠죠?

"요즘은 퇴근하고 집에서 혼술하는 맛이 괜찮더라. 안주도 내가 원하는 걸로 간단히 만들어서 맥주 한 캔이나 와인 한 잔 하면 딱 좋아!"

티슈 인맥 인정하기

뽑아 쓰고 버리는 티슈처럼 일회성 관계를 '티슈 인맥'이라고 하는데, 인간관계도 이렇게 간결함을 선호하는 추세입니다. 한 번 즐거운 시간을 보내는 것으로 만족하는 것이죠.

SNS의 경우 사람을 직접 만나지 않아도 온라인상에서 교류할 수 있다는 장점이 있습니다. 사람을 만나는 것을 부담스러워 하고, 전화로 대화하는 것도 불편하게 여기는 사람들은 가상의 공간에서 인연을 맺는 것을 더 편하게 여깁니다.

이러한 트렌드를 반영해서 최근에는 서로의 이름, 나이, 직업 등을 공개하지 않는 모임이 많습니다. 기성세대에게 중요한 서열 중심의 문화가 변화하고 있다고 볼 수 있습니다. 첫 만남에서 가장 먼저 물어보는 것이 나이와 직업, 결혼 여부 등인 기성세대와는 다르게 모두 그냥 '사람'으로 대합니다. 직책이나 역할로 불리어지는 현실에서 잠시 탈피하고 지금 함께 나누는 이야기에만 집중할 수 있습니다.

2030세대가 즐기는 스포츠 중 하나가 '서핑'입니다. 서핑은 혼자 하는 스포츠인 데 반해 기성세대가 즐기는 '골프'는 적어도 서너 명과 함께 해야 하는 사교적인 스포츠입니다. 90년생들은 굳이 원치 않는 사람들과의 관계 맺음을 선택하지 않습니다. 관계를 맺고 싶다면 소셜 네트워크를 통해 얼마든지 맺을 수 있으니까요.

사람들을 만나면서 '내가 너한테 이렇게 해줬는데 너는 나한테 왜 안 해줘?'라고 생각하는 기브 앤 테이크에 감정을 소모하고 싶어 하지 않습니다. 회사 사람들과 오랜 시간을 함께 보내니 가족 같다는 것은 옛날 이야기입니다. 회사에서만 보고 싶은 사람이라는 것을 잊지 맙시다.

"우리나라는 왜 그렇게 나이를 묻는지 몰라. 아니, 서로 즐기려고 만나는 건데 위아래 따져서 뭐해. 그런 자리는 점점 피하게 되더라고. 요즘은 여행 가서도 재밌게 놀고 헤어지면 끝이잖아. 꼭 인연을 이어가야 하는 건 아니니까?"

자발적 아웃사이더 이해하기

엠브레인 트렌드모니터가 성인남녀 1천 명을 대상으로 이웃과의 관계에 대해 설문조사를 실시한 결과, 현재 옆집에 누가 사는지도 모른다는 사람이 20대는 절반 이상, 1인 가구로 보면 67% 이상 나타났습니다. 우리 사회에서 관계의 단절 현상이 가속화되고 있다는 것을 느낄 수 있습니다.

이웃과 인사를 잘 하지 않는다는 답변이 20대는 49.6%, 1인 가구는 67.3%에 달했습니다. 이웃과 인사를 하는 것을 기본적인 예절이라고 생각했던 예전의 사회 분위기가 많이 달라진 것을 볼 수 있습니다.

이제 커피를 주문할 때도 대면하지 않고 어플로 하는 사람들이 늘고 있습니다. 배달 주문을 해도 만나서 결제하는 게 불편해서 앱으로 선결제를 합니다. 직접 만나서 하지 않아도 된다면 굳이 하려고 하지 않습니다.

직장 내에서도 이런 분위기는 이어집니다. 무리에 섞이지 않고 혼자 행동하는 사람들을 자발적 아웃사이더라고 부릅니다. 구직사이트 '사람인'이 직장인 400여 명을 대상으로 조사한 결과, 10명 중 5명은 자발적 아웃사이더라고 밝혔습니다. 또한 10명 중 8명은 자발적 아웃사이더 문화를 긍정적으로 평가했습니다.

개인주의적인 경향이 강해지면서 대인관계보다는 자신만의 시간을 보내려는 사람들이 늘고 있습니다. 그들은 직장에서는 업무만 제대로 하면 된다고 생각하고, 관계나 소속감에는 크게 연연해하지 않는다고 답했습니다.

무언가를 배울 때도 혼자나 소수의 인원만 참여하는 것을 선호합니다. 헬스장만 가봐도 1:1로 퍼스널 트레이닝을 받는 사람들이 많습니다. 요즘 인기 있는 필라테스도 1:1로 하거나 최소 인원으로 할 수 있는 클래스를 찾습니다.

이런 패턴을 적용한 어플도 등장했습니다. P2P 재능공유 온라인 플랫폼으로 자신이 가진 재능을 강의로 등록해서 수업을 할 수도 있고, 다른 사람의 강의를 들을 수도 있습니다. 1:1로 강의를 들은 사람들의 만족도가 매우 높습니다.

이제 많은 사람들이 모여 수업을 듣는 풍경은 점차 사라지고 있습니다. 그만큼 자발적 아웃사이더 문화가 확산되고 있다는 것을 느낄 수 있습니다. 자발적 아웃사이더는 왕따가 아닙니다. 소속감보다는 자신을 위한 선택을 하는 이들을 이해하고 업무적으로 문제가 없다면 이들의 스타일을 존중해주는 것이 필요하겠습니다.

“다 같이 뭘 하는 게 부담스러워지긴 했어. 성격에 맞지도 않는데 굳이 그럴 필요 없지?”

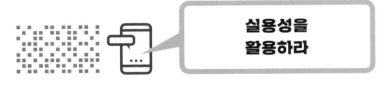

실용성을
활용하라

'복세편살'은 누구나 가지는 마음이잖아요. 실용적이고 자신의 경험을 소중하게 생각하는 것을 인정해봅시다.

허세보다는 실용성에 무게 두기

90년생들은 옷을 고를 때도 화려함보다는 실용성이나 자연스러움을 중요하게 여긴다고 한 패션 전문가는 말했습니다. 이는 자기 스스로의 만족을 삶의 우선순위에 두는 라이프 스타일과 일치한다고 볼 수 있습니다.

요즘 회사에 가보면 정장을 입은 사람들을 찾는 것이 더 어렵습니다. 출퇴근용과 일상의 옷차림이 다르지 않죠. 예전에는 평일과 주말 복장이 달랐지만 이제는 매일 입을 수 있는 데이웨어를 선택합니다.

폭염주의보가 내려진 한여름에 한 회사에서는 남성 직원

200명 중 70% 이상이 반바지를 입고 출근했다는 기사를 봤습니다. 반바지에 정장을 입기도 하고, 야구 모자를 쓴 편안한 차림까지 많은 직장인들이 다른 사람의 시선을 의식하지 않고 자유롭게 입고 다니는 모습을 볼 수 있습니다. 실용성과 개성을 추구하는 90년생에 맞춰 조직문화가 조금씩 변화하고 있다는 것을 느낍니다.

요즘 간편 가정식을 찾는 가정이 늘고 있다는데, 이제는 혼자 사는 사람만 찾는 제품이 아닙니다. 가사노동을 최소화하고 가족과 함께 하는 시간을 늘리고 싶거나 개인 시간을 존중받기를 원하는 사람이 많아지고 있기 때문이죠. 실용적인 것을 추구하는 소비패턴이 잘 드러납니다.

이런 실용성은 조직 내에서도 과한 요식행위를 줄일 수 있고 불필요한 경쟁도 막을 수 있어 업무에 집중할 수 있는 분위기를 만드는 데 도움이 됩니다.

"실제로 사용할 수 있는 게 제일이야. 허례허식도 다 부질없는 것 같아. 난 요즘 간헐적 단식을 한 덕분에 저녁에 밥 챙기는 시간이 줄어서 그 시간에 운동도 하고 너무 좋더라고. 꼭 밥을 먹어야 한다는 것도 옛말이야."

90년생의 경험 중시하기

매일 아침 저녁으로 바르는 화장품은 유해성분을 찾아내는 어플을 통해 확인하고, 유튜브 채널에서 후기를 본 후 인터넷으로 구입합니다. 출근길에는 에어팟을 꽂고 음악을 듣죠. 점심시간에는 30분 운동을 하고, 매일 다른 샐러드를 주문해 먹습니다. 책을 좋아하는데, 오프라인 독서토론에 나가기는 번거로워서 톡으로 진행하는 독서토론 모임에 참여합니다.

퇴근길에는 스벅에 들러서 구독하는 유튜브 채널을 보고, 출출하면 집에 오는 길에 그날 당기는 음식을 배달 앱으로 주문합니다. 샤워하고 난 뒤 도착한 음식을 먹고, 요가 유튜브 채널을 보면서 홈요가를 한 뒤 미니 냉장고에서 바로 꺼낸 맥주를 마시며 미드 한 편 보고, 요즘 핫하다는 베개를 베고 눕습니다.

자신이 좋아하는 브랜드가 확실한 편이며, 잠깐의 틈도 없이 무언가를 하고 있습니다. 이런 생활 속에서 자연스럽게 인증 문화가 자리를 잡았는데, 자신이 경험한 다양한 일들을 인증샷으로 남깁니다.

달리기, 헬스, 필라테스 등 운동을 하는 과정이나 결과 등을 찍은 운동 인증샷, '식전기도'라고 불리는 점심메뉴 인증샷, 맛집에서 빼놓을 수 없는 플레이팅이나 분위기 있는 모습을 최대한 살린 맛집 인증샷 등을 개인 SNS를 통해 공유합니다.

실용성과 디자인을 함께 중시하는 90년생들은 일상에서 활용도가 높으면서 소소하지만 확실한 아이템을 구입합니다. 이렇게 내 마음에 드는 물건을 주문하고 나면 택배가 도착하는 순간부터 촬영을 하는 언박싱 영상을 통해 자신의 경험을 소개합니다. 그걸 보면서 마치 내가 물건을 산 것처럼 같이 떨림을 느끼고, 함께 설렘을 공유합니다. 이러한 문화는 나에게 만족감을 주는 가심비가 소비의 기준이 된 것이라고 볼 수 있습니다.

이들에게 가심비가 중요한 만큼 회사생활에 스스로 만족감을 느낀다면 자신의 경험 하나하나를 소중하게 생각하고 성장할 것입니다.

"요즘 그 유튜브 진짜 핫하더라. 역시 요즘은 가심비가 대세지!"

복세편살이 대세임을 인정하기

'복잡한 세상 편하게 살자'를 줄인 '복세편살'이 대세인 이유는 남의 시선보다는 내가 편한 것, 즉 실용적인 것을 추구하는 모습이 반영된 것으로 볼 수 있습니다. 편하게 살자는 말은 다른 사람에게 관심을 갖기보다는 내 할 일만 열심히 하면서 살고 싶은 마음이 담겨 있습니다.

이 복세편살 현상이 조직에서는 어려운 일은 하지 않고 쉬운 것만 하려는 모습으로 비추어집니다. 선배의 입장에서 보기에는 여간 불편한 게 아닙니다. 복잡한 일이 생기면 다른 사람에게 미루고 본인은 자신이 할 수 있는 것만 하려고 하는 소극적인 모습을 보이기 때문입니다.

반면에 90년생들은 궂은 일을 마다하지 않는 선배의 모습을 보면서 대단하다는 생각도 하지만 안쓰러워하기도 하고, 왜 꼭 그런 것까지 해야 하는지 의문을 갖습니다. 지금까지 우리가 당연하다고 생각했던 일들을 새로운 시각으로 볼 수 있게 해주는 것이죠.

이들과 갈등 없이 일을 잘 하기 위해서는 서로가 원하는 것을 조금씩 양보해서 타협점을 찾거나 만족할 수 있는 합의점을 찾아야 합니다. 서로의 주장이 극명하게 갈릴 때는 조금씩 양보하는 것이 필요하며, 매우 중요한 사안일 때는 각자의 생각을 공유하고 공통된 부분이 있는지 찾아봅니다.

이때 상대를 비난하거나 부정적으로 보는 것이 아니라 건강한 방식으로 서로를 존중하며 문제를 해결할 필요가 있습니다. "너만 편하면 다냐?!"라고 소리 지르기보다는 편하게 살고 싶은 마음은 누구나 가지고 있다는 것을 이해해보자고요.

> "이번 기회에 특정한 사람만 편한 게 아니라 다 같이 편할 수
> 있는 방법을 찾아봅시다."

내가 듣기 싫은 말은 상대도 듣기가 힘듭니다. 자기 말만 하거나 무조건 우기기, 투명인

간도 아닌데 앞에 두고 무시하기, 자신이 고생했던 옛날 얘기하며 공치사하기, 본인이

사장인 양 으스대기, 매너는 집에 두고 와서 여러 사람 불편하게 하기, 자기감정을 조절

하지 못해서 아무데서나 버럭버럭하기, 자꾸 스스로 자기가 잘났다고 뽐내기 등 생각만

해도 불편한 말투를 내가 혹시 하고 있진 않은지 확인해봅시다.

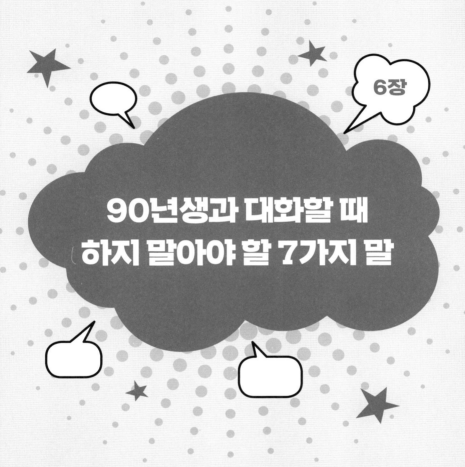

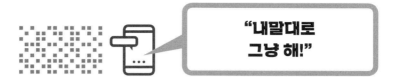

퇴근 후 업무 지시하는 사람, 답정너, 자기 말만 하는 사람
을 예전의 우리는 따랐지만 지금의 90년생은 다릅니다.

자기 말만 하지 않기

자신이 경험한 이야기를 할 때는 대개 시간 가는 줄 모릅니다.
1분 동안 이야기할 수 있는 주제에 대해 7분을 넘게 말하는 사람
도 있습니다. 자신의 이야기에 너무 몰입하기 때문입니다.

말하는 사람만 혼자 재밌어서 웃는 상황이 생기면 안 되겠죠?
후배가 듣다가 휴대폰을 본다거나 집중을 잘 못하는 것 같으면
바로 알아차리는 것이 필요합니다. 이럴 때는 내 이야기를 멈추
고 상대방에게 바통을 넘기는 것이 좋습니다.

후배와 이야기를 하게 되면 아무래도 주로 선배들이 많은 말
을 하게 되죠. 자신의 경험담이든 조언이든 후배에게 도움이 되

기 위해서 말하는 것입니다. 이런 이유라면 후배의 이야기를 더 많이 듣는 것이 필요합니다. 후배가 현재 어떤 상황인지, 어떤 것이 고민인지 들어보고, 어떻게 해결하고 싶은지 스스로 답을 찾을 수 있도록 다양하게 질문하며 생각을 확장시킬 수 있게 돕는 것이 좋습니다.

주로 자신이 이야기의 주도권을 잡고 있다고 느낀다면 이렇게 해보세요. 시간을 정해놓고 말을 해보면 말의 양이 조절됩니다. 말을 하면서 시간을 의식해보는 거죠. 대화할 때 바로 적용하기가 어렵다면 혼자 하나의 주제를 가지고 말하면서 시간을 재보세요. 자신을 점검하기 좋은 방법입니다.

사람들은 누구나 본능적으로 자신의 이야기를 하고 싶어 합니다. 그러다보니 상대적으로 듣는 것이 참 어렵습니다. 하지만 아무 말도 못하고 듣고만 있었던 후배들을 생각하면서 말을 좀 줄여보자고요.

"내가 너무 내 말만 하면 눈치 좀 줘."

이미 답을 정해놓고 대답만 강요하지 않기

꼰대들의 대표적인 유형으로 '답정너' 상사를 꼽은 설문조사 결과도 있습니다. 그만큼 답은 이미 정해져있으니 대답만 하라는 선배를 후배들은 좋아하지 않습니다. 그러니 '답정너'만큼은 지양해야겠죠.

그렇다면 우리가 왜 후배들에게 '네'라는 답만 듣고 싶어 하는지 생각해볼까요? 자신의 의견을 반대하거나 비판하는 것을 원하지 않기도 하고요, 일을 빨리 처리하기 위해서 강요하는 것이 최선이라고 생각하기도 합니다. 그러나 요즘처럼 자유롭게 의견을 개진하고 서로 피드백을 주고받는 수평적 커뮤니케이션 문화와는 맞지 않습니다.

후배들이 자신과 의견이 다르다고 해서 선배를 비난하거나 부정하려고 하는 것은 아닙니다. 더 나은 결과를 위해서 때론 격렬한 토론이 필요하다고 느끼기도 하는데, 이런 과정을 통해서 창의적이거나 혁신적인 아이디어들이 나올 수 있습니다.

선배가 '답정너'라면 후배는 아마 일할 의욕이 떨어지고 시키는 일만 하는 수동형 직원이 될 것입니다. 후배가 나와 다른 생각을 가졌더라도 그렇게 생각한 이유가 무엇인지 대화를 통해 차근차근 알아보면서 후배의 의견을 존중해주는 노력을 해보면 어떨까요?

"내 생각을 먼저 말하면 '답정너'일 것 같아서 먼저 자유롭게 얘기해봐."

퇴근 후 업무 지시하지 않기

얼마 전 한 직장인이 이직을 했는데, 자신이 소속된 팀 내에 단톡방이 존재한다는 사실을 알고 무척 충격을 받았다고 털어놓더라고요. 그 단톡방에서는 시도 때도 없이 업무 지시가 오갔다고 합니다. 최근 직장 내 괴롭힘 금지법이 시행되면서 줄어든 것 같지만 여전히 단톡방에서의 지시는 계속되고 있더라고요. 퇴근 후 업무 지시도 법적 판단 기준에 포함되어 행위자에 대한 징계 등이 내려질 수 있습니다.

기성세대가 겪었던 상명하복을 중시하는 문화와는 다르게 최근에는 조직문화를 바꾸기 위한 노력을 다양하게 펼치고 있습니다. 법률로도 명시해 근로자의 인권과 노동권을 보호하고 있다는 사실을 우리는 명심해야 합니다. 사소한 말 한마디가 이제 사소하지 않은 일이 될 수 있습니다.

주 52시간제 시행으로 워라밸 문화가 확산되고 있고, 그만큼 개인의 삶에 무게를 두는 사람들이 늘어나고 있습니다. 퇴근 후 업무 지시 금지는 어쩌면 당연히 지켜야 했던 것일지도 모릅니다. 지시하면서 "꼭 지금 필요해서 하는 말"이라고 하는데, 꼭 해야 하는 급한 일이라면 근무시간 내에 했어야 합니다. 이제 서로의 행복을 위해 퇴근 후에는 각자의 삶에 충실하자고요.

"아직도 퇴근 후에 연락하는 사람 있니?"

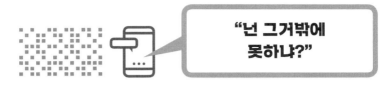

"넌 그거밖에
못하냐?"

빈정대거나 무시하려면 차라리 화를 내세요. 짜증내는 말투
는 상대가 오해하기 쉽습니다. 부드럽게 말해보자고요.

빈정대지 않기

빈정거린다는 의미는 '상대를 은근히 비웃는 태도로 자구 놀린
다'라고 국어사전에 나와 있습니다. 한 결혼정보회사의 설문조
사 결과 결혼을 전제로 맞선을 보는 상대의 말투가 예쁘면 배우
자로서의 핵심 조건이 다소 미흡해도 결혼상대로 고려할 수 있
다고 응답한 남성의 비율이 55%였습니다. 여성은 상대적으로 떨
어진 39%였습니다. 이 결과를 통해 남성들이 배우자의 성격이나
심성 등을 많이 고려하는데 말투에 이런 것이 어느 정도 포함된
것으로 본다는 것을 알 수 있습니다.

가장 귀에 거슬리는 상대의 말투로는 빈정거림을 꼽았습니다.

빈정거리는 말투는 상대가 듣기에 부정적으로 느껴지는데다 무시하는 것으로 생각할 수도 있어서 주의가 필요합니다.

> "너는 사람들이 다 좋아해서 참 좋겠다. 너 결혼할 땐 잠실운동장이라도 빌려야 되겠다야."

이 말을 할 때는 후배의 어떤 말이 잘난 척하는 것 같다는 생각이 들어서 아마도 빈정거리면서 대응했을 겁니다. 그럼에도 불구하고 이렇게 빈정거리면 본인에게 좋을 게 없습니다. 나쁜 의도로 말한 것이 아니라고 할지라도 상대가 빈정거리는 것으로 받아들이는 경우에 결국 나에 대한 선입견이나 편견이 생길 수 있기 때문입니다.

후배가 더 잘했으면 하는 마음이라면 빈정대는 것보다는 격려하고 지지하는 것이 훨씬 더 효과적이라는 것을 꼭 기억하세요. 후배도 존중하면서 본인은 더 겸손해보이고 싶다면 이렇게 말해보세요.

> "네가 사람들한테 그렇게 잘하니까 다 너를 챙겨주는 거지. 어떻게 그렇게 잘하는 거야? 나도 좀 배워야겠다."

사소한 것도 무시하지 않기

사람들은 보통 누군가가 자신에게 한 말 중에 무시한다고 생각되는 말이 있으면 분노합니다. 분노를 일으키는 이유는 '무시'라는 단어의 의미에서 찾아볼 수 있습니다. '무시하다'는 뜻은 '사물의 존재 의의나 가치를 알아주지 아니하다'는 뜻과 '사람을 깔보거나 업신여기다'라는 의미입니다. 사람의 경우는 후자의 뜻으로 남이 나를 낮추어 보고 하찮게 여긴다고 생각하는 것입니다.

말한 사람은 아무 생각 없이 툭 뱉은 말이더라도 듣는 사람이 무시당했다고 생각하면 무시한 것이 됩니다. 무시는 전적으로 듣는 사람이 판단하는 것입니다.

어떤 말을 들었을 때 무시당했다고 생각하면 대개는 가장 먼저 화가 납니다. 화가 나면 여러 생각들이 오가면서 점점 더 감정이 격해집니다. 그러면 어떤 일이 벌어질지 모릅니다. 우리가 뉴스에서 흔히 접하는 강력 범죄들도 자기를 무시한다고 느껴서 저지르는 경우가 많습니다. 무시하는 말은 이렇게 무서운 결과를 가져올 수 있습니다.

친한 사이라서 농담 삼아 한 말인데 후배에게는 숨겨뒀던 상처를 건드리는 일이 될 수도 있습니다. 그로 인해 분노나 수치심을 느끼게 된다면 업무에 도움이 되기는커녕 오히려 악영향을 끼칠 수 있습니다.

"내가 한 말 중에 무시했다고 생각되는 말이 있었다면 미안해. 그런 의도는 아니었는데 네 입장에서는 그렇게 생각할 수도 있을 것 같다."

짜증내는 말투로 말하지 않기

말을 할 때마다 짜증내는 말투로 말하는 사람들이 있습니다. 짜증낼 일이 아닌데 짜증을 내기도 하고, 짜증낸 게 아닌데 그렇게 들리기도 합니다.

이런 말투를 가진 사람은 정작 자신의 말투에 대해 알지 못합니다. 상대가 듣는 것이지 자신이 듣는 게 아니기 때문이죠. 그렇다고 누군가 그 사람에게 짜증내는 말투로 말하지 말라고 이야기하지도 않습니다. 굳이 상대방의 말투를 가지고 이래라 저래라 지적하는 사람은 거의 없죠.

저는 상대가 짜증내는 말투를 사용하면 저도 같이 짜증내는 말투로 응수하게 되던데, 결국 감정적으로 받아들이게 된다는 것이죠. 같이 짜증을 내도 짜증내며 말하는 사람은 의식하지 못할 가능성이 높습니다.

왜 짜증내는 말투가 되었는지는 사람마다 다르겠지만 어쩌면 특정 지역의 사투리 억양의 영향도 있고, 짜증내는 것이 습관이 되어서 부정적인 표현을 많이 쓰기도 합니다. (반복하다보니까 굳어져버렸다고 볼 수 있습니다.)

우선 내 말투가 어떤지 점검해 볼 필요가 있습니다. 내가 말하는 걸 녹음해서 스스로 들어보길 권합니다. 특히 후배와 대화할 때나 통화할 때, 회의시간의 발언 등을 녹음해보면 자신의 말투가 잘 드러납니다.

자신이 들어도 짜증내는 것처럼 들린다면 똑 부러지는 말투로 말하려고 노력해보세요. "아니…" "그게 아니고…"처럼 끄는 음을 빼고 끝을 올린다거나 뚝 끊어보는 등 조금 낯설더라도 변화를 주면 주변 사람들은 훨씬 더 편안하게 느낄 것입니다.

"어느 분이 알려주시더라고. 첫 단어를 올려서 말하면 부드럽게 들린다고. 이제부터↗ 부드러운 말투로 얘기해볼게."

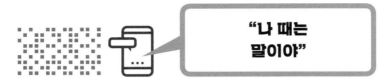

후배들에게 '라떼 이즈 홀스'는 되지 말아야죠. 그러려면 고리타분한 말은 하지 말고, 지적질도 줄여보세요.

'라떼 이즈 홀스' 되지 않기

후배들이랑 대화를 하다보면 "나 때는 말이야", "옛날에는 말이야"라는 말이 자꾸 나오지 않나요? 저는 요즘 "나 때는" "예전에는"이란 말이 나도 모르게 툭툭 튀어나와서 놀랍니다. 지금과는 많이 달랐다는 것을 말하기 위한 표현이죠. 이 말을 듣는 사람이 같은 세대라면 "우리 때는 그랬지"라며 공감하겠지만 90년생 후배들이 이 말을 듣는다면 속으로 '그래서 어쩌라고' 할 수도 있습니다.

'맞아. 그땐 그때고 지금은 지금이지'라는 생각을 하면서도 자꾸 예전 이야기를 하게 됩니다. 그 이야기 자체가 잘못됐다거나 나쁘다는 것이 아니라 지금이 중요한 90년생들에게는 그들의 추억도 아니고, 궁금한 이야기는 더더욱 아니라는 겁니다.

"나 때는 말이야"를 자꾸 외치는 상사를 90년생들은 "우리 상사는 라떼 이즈 홀스야"라며 비꼬기도 하고, 이 말만 하면 꼰대라고 하는데도 왜 자꾸 이 말을 하는 것일까요?

그 이유를 살펴보면 어려운 시절에 열심히 살았다는 것을 말해서 인정받고 싶은 욕구와 옛날이 그리워서 표현하는 것이라고 볼 수 있습니다. 하지만 "우리 때는 이렇게도 했었어"라고 한다고 후배들이 인정해주지 않습니다.

"왜 그렇게 그때를 찾게 되는지 모르겠다. 예전으로 돌아가고 싶은 건 절대 아닌데 말이야."

고리타분한 말 하지 않기

나는 당연하다고 생각하는 것들이 후배들에게는 당연하지 않을 수 있습니다. 고리타분하다는 말은 새롭지 못하고 답답하다는 의미입니다. 고리타분한 말 중에 대표적인 것이 "결혼 안 하니?" "애는 안 낳니?" "집은 안 사니?" 등입니다. 그들 인생은 그들이 알아서 살게 두자고요.

요즘은 결혼에 대한 생각도 많이 달라졌습니다. 2019년 6월에 20대와 30대를 대상으로 설문조사를 한 결과 10명 중 6명은 '결혼과 출산이 필요하지 않다'고 생각하는 것으로 나타났습니다. 더이상 결혼과 출산을 필수로 보지 않는다는 것이죠. 30대보다 20대가, 남성보다는 여성에서 결혼과 출산이 필수가 아니라는 응답이 더 높게 나타났습니다. 점점 필수적인 것들은 줄어들고 선택하는 것이 늘어나고 있습니다.

어느 회사의 신입사원 교육 중에 실제로 벌어진 일입니다. 한 기관의 대표가 강의를 하다가 기혼인 신입사원에게 "결혼을 했는데 왜 애를 안 낳아? 빨리 낳아야지"라고 여러 차례 말했다고 합니다.

그 말을 들은 모든 신입사원들이 불편했다는 심정을 다음 날 교육을 하러 온 저에게 털어놓더군요. 상대가 불편해하는 것 같으면 그만할 만도 한데 말이죠. 남의 인생에 감 놔라 배 놔라 하지 말고, 자기 인생은 각자 알아서 사는 걸로 생각합시다.

"요즘은 진짜 생각나는 대로 말해서는 안 될 것 같아. 나이 들었는지 자꾸 옛날 사람처럼 고리타분한 말을 하게 되더라고. 신경을 쓰는데도 툭툭 나오게 되네. 혹시나 내 말이 불편하게 들리면 얘기해."

지적질 하지 않기

지적질은 참 쉽습니다. 특히 후배가 쓴 보고서에 빨간펜 들고 줄 긋는 것은 선배들이 가장 잘하는 일입니다.

업무에 대한 지적은 자신의 발전에 도움이 되는 것이라고 애써 생각할 수 있습니다. 물론 그 지적도 누가 하느냐에 따라 다르지만요.

제 경우에는 저보다 못한다고 생각한 선배가 지적하는 것 때문에 엄청나게 스트레스 받았던 기억이 있습니다. 그래도 배울 게 많은 선배가 하는 지적은 조언으로 받아들이기라도 할 텐데 말이죠.

업무적인 것이 아닌 그 외에 것들을 가지고 자신의 기준에 따라 지적을 하는 것은 좋지 않습니다. 특히 요즘 옷차림에 대해 자유로워진 분위기이다보니 자유로움의 경계를 넘나드는 옷차림을 한 후배를 보고 지적질을 많이 합니다. 이때 개성으로 봐야할지, 지킬 건 지켜야 한다고 봐야할지 고민하게 되는 문제입니다.

한 상사는 문신하는 것만큼은 봐줄 수가 없다며 결국 후배에게 한마디를 했답니다. "회사 다니면서 문신하는 건 좀 아니지 않니?" 이 말을 들은 후배는 "제가 제 몸에 하는 건데 왜 선배가 상관이세요?"라며 응수했고, 이들은 더이상 대화를 이어가지 못한 채 그 후 사이만 어색해졌답니다.

선배가 후배에게 지적하는 것을 도움이 되는 조언이나 피드백으로 생각할 수 있는 것은 업무적인 것에 한해서입니다. 개인적인 것에 대한 지적질이나 불필요한 참견은 지양하는 것이 좋습니다. "다 너 잘 되라고 말하는 거야"는 이제 통하지 않습니다. "알아서 잘하겠습니다"라는 말이 돌아올 뿐입니다.

　"각자 자기 일은 알아서 잘하는데 참 어른들은 지적질 하는 거 좋아해. 그치?"

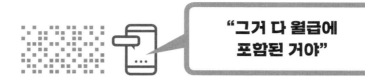

"그거 다 월급에
포함된 거야"

공감은 못해도 내가 더 힘들다곤 하지 마세요. 사장인 듯 회
사와 혼연일체 되거나 꿈과 비전까지 강요하는 건 꼰대죠.

내가 더 힘들다고 하지 않기

요즘은 저성장 시대라 그런지 어느 날 갑자기 대박이 난다거나
툭 튀어나오는 성공은 보기가 어렵죠. 그래서 소소한 행복을 추
구하게 되었는지도 모르겠어요. 특히 요즘은 일찍 퇴근해서 나를
위한 시간을 보내거나 가족과 함께 하려고 하다보니까 남 생각
할 겨를이 없죠.

누군가가 힘들다고 말하면 순간 욱 하고 올라와 하는 말은 "너
만 힘드냐? 나는 더 힘들다"입니다. 후배들이 선배에게 힘들다고
말하기가 쉽지 않을 텐데, 그럼에도 불구하고 선배를 찾아가서
힘들다고 말하면 그 마음은 공감해줘야 합니다. 공감능력이 있고

없고를 떠나서 그렇게 해야 합니다. '그래, 나도 그땐 참 힘들었지'라고 생각하든, '난 그 정도로 힘들진 않았던 것 같은데 그래도 네가 힘들다니까 위로는 해줄게'라고 생각하든, 힘들다는 후배에게는 "그래, 힘들겠다"라고 그 마음을 알아주는 것이 필요합니다.

대인관계 능력을 측정할 때 소통과 공감능력을 보는 이유는 누군가랑 대화하면서 대화가 잘 통하고 내 마음을 잘 알아주는 사람과 당연히 관계가 좋을 수밖에 없기 때문입니다. 후배들이 찾아와 자기 마음을 터놓을 수 있다면 아마도 꽤 괜찮은 선배일 것입니다.

어떤 직장인이 이러더군요. "회사 내에서 롤모델을 찾는 건 불가능하죠"라고요. 참 안타까운 현실입니다. 후배들에게 롤모델이 될 수 있다면 좋겠지만, 그건 아니더라도 그들이 의지할 수 있는 사람은 될 수 있지 않을까요? "그래도 선배가 있어서 다행이에요"라는 말을 들을 수 있게 말이죠.

"얘기 들어보니까 네가 정말 힘들었겠다. 이러지도 저러지도 못하고 어쩌니. 그래서 어떻게 하고 있어?"

회사와 혼연일체 되지 않기

매일 가장 먼저 출근하고 가장 늦게 퇴근하는 사람, 휴가 반납하는 사람, 휴일에도 사무실에 나오는 사람. 이런 사람들은 회사가 정말 좋은 걸까요?

오너가 아닌데도 이런 애사심이 있다면 회사입장에서는 훌륭한 직원일 것입니다. 동료들은 '참 피곤하게 산다'고 볼 겁니다. '회사가 나고 내가 회사지'라고 생각하는 사람은 점심 값도 아끼고, 주유비도 아끼며, 법인카드를 내 카드처럼 씁니다. 누가 보면 대표인 줄 알 정도입니다. 회사에서 세운 원칙과 기준은 곧 법이기도 하죠. 그것에서 벗어나면 큰일 납니다. 이런 마인드는 회사에선 대환영이지만 함께 일하는 사람에게는 머나먼 당신입니다.

요즘은 회사 발전에 기여했다고 해서 회사가 나를 끝까지 책임지지 않습니다. 나도 구성원 중의 한 명임을 명심해야 합니다. 회사를 위해서라지만 결국 자신을 위해서 선택하는 것입니다. 자기 합리화에서 벗어나서 현실을 자각할 필요가 있습니다.

우선 나부터 현실을 바라보고 후배들에게 이런 마인드를 강요하지 않는 것이 중요합니다. 일에서든 삶에서든 가치는 각자가 선택해야 한다는 것을 잊지 마세요.

"회사는 회사고 나는 나다! 알지?"

꿈과 비전을 강요하지 않기

모든 사람이 꿈을 가지고 살진 않죠. 꿈이 반드시 있어야 하는 것도 아닙니다. 그런데 우리 사회가 언제부터인지 아이들에게도 꿈 찾기를 강요하게 되었습니다.

우리나라 사람에게 꿈이 무엇인지 물으면 대부분 명사로 대답합니다. 의사나 변호사처럼 직업이 꿈인 경우가 많은 거죠.

꿈을 동사로 말하는 사람은 평생에 걸쳐 이루고 싶은 것을 말합니다. 행복하게 사는 게 꿈이라고 하거나 가족과 함께 평생 건강하게 사는 것이라고요. 꿈의 뜻 그대로 실현하고 싶은 희망이나 이상을 말하는 것이죠.

제가 파트너로 일했던 곳에 처음 인터뷰를 하던 순간이 아직도 기억에 남아 있습니다. 회사에서 어떻게 일할 건지, 왜 함께하려고 하는지 등을 물을 거라고 생각했는데 면접관은 저에게 꿈이 뭐냐고 묻더라고요.

갑자기 멍해지면서 즉흥적으로 대답하고 넘겼습니다. 당시 저에게 꿈이라는 것은 어린 시절 막연히 생각했던 것이거나 간절히 무언가가 되고 싶은 사람들이 가지고 있는 것이라고 생각했던 것 같습니다.

어떤 분들은 메신저로 매일 좋은 글을 보내면서 목표나 꿈을 공유하면 더 잘 이루어진다고도 말합니다. 같은 생각을 하는 사람들이라면 서로 동기부여가 되겠지만 그렇지 않은 사람들은 불

편할 수 있습니다. 꿈꾸는 것도 본인의 선택입니다. 강요하지
맙시다.

　"난 꿈이 뭐냐고 물을 때가 가장 당황스럽더라. 다들 행복하게
　사는 게 꿈 아닐까? 그 행복을 어디에 두느냐가 다른 거지!"

매너 없고 배려하지 않는 사람은 싫어합니다. 요즘은 성차별적인 언행을 하거나 술과 회식을 강요하면 잡혀갑니다.

무매너와 무배려 주의하기

우리는 매너 없는 사람들을 숱하게 봅니다. 버스 안에서 시끄럽게 통화하는 사람, 지하철에서 어깨로 밀치고 먼저 타는 사람, 거리에서 툭 치고 지나가도 모르는 척하는 사람 등 매너 없고 배려 없는 사람들이 많습니다. 그렇다면 내 행동은 어떤지 점검해보자고요.

　제가 사무실에 앉아 있다보면 클랙슨 소리가 하루 종일 끊이질 않습니다. 잠시도 참지 못하고 빵빵 눌러댑니다. 클랙슨을 누르는 사람은 경고의 신호로 누를 수도 있지만, 때론 누군가의 매너 없는 행동에 대한 표현일 수도 있습니다. 골목 입구에 차를 세워서 타거나 내리는 사람들로 인해 골목으로 들어오려는 차들이 불편을 호소합니다. 조금만 앞에 세우면 되는데 말이죠. 이런 것이 바로 매너와 배려입니다.

KBS TV의 프로그램 〈회사 가기 싫어〉에서는 부장이 사무실 안에서 발톱 깎는 상황, 양치질하면서 구역질하는 상황 등 에티켓이라고는 찾아볼 수 없는 행동들을 해서 당황스러웠습니다. 실제로 매주 사무실에서 손톱 깎는 부장과 함께 일했다는 직장인의 사례를 직접 듣기도 했습니다. 예능이 아니라 정말 현실에서 벌어지는 일이더라고요. 배려까지는 아니더라도 기본적인 매너는 지켜야겠죠?

사적인 전화는 사무실 밖에서 받는다거나, 음식을 먹을 때 혼자 너무 빨리 먹지 않는다거나, 소리 내서 먹지 않는 등 남들이 불편해하는 것은 피해보자고요. 내가 불편하다고 느끼는 것은 상대도 불편해합니다.

"학교 다닐 때 매너교육을 안 받아서 그런지 우리나라 사람들은 기본 매너를 잘 모르는 것 같아. 사람들이 많으면 조용히 이야기를 나누고, 누군가와 부딪치면 사과하면 되는데, 그게 그렇게 어려운가?"

성차별적인 언행 삼가기

2019년부터 한 교육기관에서는 강의 전에 강사들에게 유의사항 확인서를 받고 있습니다. 그중 성 인지 감수성에 대한 내용이 포함되어 있습니다. 남여의 성차이에 대해 인지적으로 아는 것을 넘어서 민감해지는 것을 의미하며, 침해 상황에 대해 섬세한 눈을 갖는 것을 말합니다.

서울시 여성가족재단이 성 평등 언어 10개를 제시했습니다. 그중 직업명에 여성을 말하는 접두사를 붙인 여의사, 여배우, 여직원 등의 단어를 의사, 배우, 직원으로 제시한 표현이 담겨 있습니다.

기업들도 이런 분위기에 동참하고 있습니다. 장난감 브랜드 '레고'는 2014년부터 수리공이나 정비공의 직업을 여자 캐릭터로 표현했고, 2016년에는 주부 아빠 세트를 만들어 성 평등 문화를 보여주고 있습니다.

'차이를 인정하면 차별 없는 세상이 보인다'는 말처럼 성차별이 아닌 성차이를 인정하는 것이 필요합니다. 요즘 워낙 말에 예민하다보니 조심스러워서 아예 말을 하지 않는 게 낫겠다고 생각하는 사람들도 있는데, 말은 안 하는 게 능사가 아니고, 자주 할수록 입에 붙고 잘 나옵니다. 어렵더라도 부딪치면서 성별로 인한 차별적인 언행이 아닌 차이를 인정하는 선배가 되어봅시다.

"나는 다시 태어나면 남자로 태어나고 싶다고 생각할 정도로 예전에는 성차별을 당했던 것 같아. 물론 신체적인 차이는 있지만 그게 차별적인 요소가 될 필요는 없다고 생각해."

술과 회식 강요하지 않기

'회식이 직장생활에서 꼭 필요한가?'를 묻는 질문에 밀레니얼 세대는 61%가 '필요 없다'고 답했습니다. 반면에 40대 이상은 67.7%가 '필요하다'고 응답했습니다. 어쩌면 이렇게 반대로 생각할까요?

워라밸을 지향하는 밀레니얼 세대들은 회식 자리를 단합의 의미보다는 권위적인 분위기 속에서 업무의 연장으로 여깁니다. 또한 스트레스를 받는 자리로 생각해서 거부감을 느낍니다.

회식을 피할 수 없다면 어느 정도가 적당한지 묻는 설문조사에서는 45.7%가 1차로 저녁식사만이라고 답했습니다. 점심 회식이 그 뒤를 이어 34.5%나 차지했습니다. 2차 이상을 해도 상관없다는 답변은 2.2%에 그쳤습니다.

우리나라에서 회식은 빼놓을 수 없는 직장문화 중 하나입니다. 대개는 상사 주도로 회식이 이루어지므로 회식 문화를 개선하기 위해서는 리더의 역할이 중요하다고 볼 수 있습니다.

회식은 모두가 즐거워야 하는 자리입니다. 업무 스트레스를 받는 자리가 아니라 스트레스를 풀고 구성원들끼리 단합할 수 있는 자리가 되어야 합니다. 일정은 미리 공유하도록 하고, 점심 회식, 문화 회식, 봉사 회식 등 다양한 형태의 회식을 활성화하는 것도 모두가 즐길 수 있는 좋은 방법입니다.

> "우리 회식하면서 스트레스 받지 말자. 즐기려고 하는 건데 반대가 되면 안 되지. 먹고 마시고 하는 거 대신 우리에게 의미 있는 시간을 만들면 좋으니까 의견들 나눠봅시다."

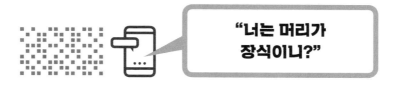

**"너는 머리가
장식이니?"**

내가 들어서 기분 나쁜 말은 남이 들어도 기분 나쁩니다. 시
도 때도 없이 후배에게 화내지 말아야 합니다.

시도 때도 없이 화내지 않기

화가 많은 사람들이 있습니다. 별일 아닌데도 '버럭' 하는 사람들
말이죠. 본인의 감정은 스스로 조절할 줄 알아야 합니다. 겉으로
다 표현하면 주변 사람들도 그로 인한 피해를 입게 됩니다. 별일
아닌데도 화를 낸다면 자신의 감정을 돌아봐야 합니다.

예를 들어 출근길 지하철 안은 지옥철로 불릴 만큼 사람들이
많습니다. 그 안에서 "왜 이렇게 사람이 많은 거야?"라고 말하는
경우, 장마가 끝나고 전국적으로 폭염인 시기에 "날이 왜 이렇게
더운 거야?"라며 인상 쓰는 경우, 맛집이라고 찾아갔는데 사람
들이 많아 줄을 서서 기다리면서 "왜 이렇게 오래 기다리게 하는

거야?" 하는 경우 등 상황상 어쩔 수 없을 때도 습관적으로 화를 내는 것은 아닌지 잠시 생각해보세요.

혹시 다른 일로 화가 난 것은 아닌지도 점검해보세요. 엉뚱하게 불똥이 다른 사람에게 튀고 있을 수 있으니까요.

우리가 감정조절을 잘 하려고 하는 이유는 내 마음이 편하기 위해서입니다. 외부의 어떤 자극에도 크게 영향을 받지 않고 늘 편안한 감정을 유지할 수 있다면 좋겠죠. 이러한 평정심을 갖기 위해서는 부정적인 감정이 들 때 잘 조절해야 합니다. 여러분은 화가 나면 어떻게 하나요?

자기만의 적절한 감정조절 방법이 있으면 좋습니다. 폭식이나 폭음을 한다고 감정이 바뀌는 게 아니니까 나를 망가뜨리거나 상대를 무너뜨리는 방법은 제외하는 게 좋겠죠.

저는 치유하는 글쓰기 방법을 추천합니다. 펜을 멈추지 말고 3분만 생각나는 대로 써보는 것부터 해보세요. '무슨 말을 써야 하지?' '아무 생각 안 나는데'도 좋으니 펜을 멈추지 말고 쓰다보면 언제 시간이 흘렀는지 모르게 빠져들어 쓰고 있는 나를 발견할 수 있습니다.

"내가 요즘 기분 안 좋은 게 있으면 글쓰기를 해보는데 그게 도움이 되더라고. 물론 화가 날 때 못 참는 경우도 있지만 글쓰기를 하다 보면 '다음에는 참아야지'라는 생각이 들더라고."

매사에 부정적으로 말하지 않기

부정적인 생각이 많아서 부정적인 감정을 많이 느끼게 되기도 합니다. 거꾸로 부정적인 감정이 들어서 부정적인 생각을 하기도 합니다. 부정적인 말을 입에 달고 사는 사람들에게 어떻게 하면 좋을지 의견을 물으면 "그건 안 돼" 하거나 "아니야. 그건 해봐야 소용없어"라고 시도조차 못하게 합니다.

이들은 자신에 대해서도 "역시 늘 내가 세차하는 날만 비가 오지" "내가 경기를 보면 응원하는 팀은 항상 져" "사다리 타기 하면 매번 나만 걸려" 하는 식으로 부정적인 표현을 합니다. 이들이 하는 말 중에는 '늘' '항상' '매번'이라는 표현이 붙어 있습니다. 불평불만을 입에 달고 사는 사람들은 자신에 대해서 혹은 일반적으로 부정적인 시선을 가지고 있습니다.

운전을 할 때 유독 부정적으로 변하는 사람들도 있습니다. 운전을 하다가 계속 혼잣말을 합니다. "차가 왜 이렇게 밀리는 거야!" "왜 깜빡이를 안 켜는 거야?!" "왜 급정거를 하는 거야?!" 등 하는 말마다 부정적인 말들이 쏟아져 나옵니다.

부정적인 생각이 먼저인지, 부정적인 감정이 먼저인지는 심리학자들 사이에서도 의견이 분분합니다. 중요한 것은 우리가 부정적인 것에서 벗어나기 위해 부정적인 생각을 바꾸는 일입니다.

후배가 가지고 온 보고서를 보고 마음에 들지 않을 때 "이걸 보고서라고 했냐?"라고 하기보다는 내가 보기에 형편없는 보고

서지만 그걸 작성하느라 시간을 들인 점을 생각하면서 "수고했다"는 말부터 하고 내가 원하는 방향을 말해봅시다.

> "우리가 생각보다 부정적인 말들을 많이 쓰더라고. 부정적인 말을 하면 부정적인 감정을 느낀다고 하니까 최대한 줄여봐야겠어."

막말은 아예 하지 않기

대화를 하다가 어쩔 때는 생각 없이 말이 나올 때가 있습니다. 저는 이럴 때 뇌를 거치지 않고 말이 나온다고 표현합니다. 그만큼 격한 감정의 표현이 될 수도 있고, 걸러지지 않은 거친 표현이 나올 수도 있습니다. 입밖으로 나온 말은 주워 담을 수도 없으니 내 입만 원망하게 되죠.

반면에 머릿속으로 이 말을 할까 저 말을 할까 고민하다가 지금은 이 말이 적당하겠다고 생각해서 말할 때가 있습니다. 보통 생각을 하고 말을 한다는 것은 상대방의 입장이나 감정, 나와의 관계 등을 다양하게 고려하면서 조심스럽게 말하는 것일 텐데, 그러다보면 실수할 확률이 낮아집니다.

막말은 나오는 대로 함부로 말하면서 상대방에게 모욕감과 모멸감을 줄 뿐만 아니라 자괴감에 빠지게도 만듭니다. 이러한 감정이 들면 결국 업무 몰입도도 떨어지게 되고, 일의 의욕도 낮춰질 뿐 아니라 대인관계에도 금이 갑니다.

요즘은 막말하는 사람들의 민낯이 그대로 드러나는 경우가 많습니다. 언제 어디서든 녹음, 촬영 등을 할 수 있기 때문에 나도 모르게 세상에 알려지게 됩니다. 예전에는 갑이니까, 상사니까, 어른이니까 참았지만 이제는 그 기업의 CEO라고 하더라도 고개 숙여 사과하게 만듭니다.

또한 이런 막말들을 그냥 듣고 참는 것이 아니라 잘 대처할 수 있도록 담당 부서를 만들어 상담이나 신고 접수를 합니다. 한 번 욱 해서 한 말이 평생 후회하는 말이 될 수 있다는 사실을 기억하자고요.

"말을 하다 보면 격한 표현을 하게 될 때가 있잖아. 그럼 그 다음엔 더 심한 말을 하게 되더라고. 그 말보다는 더 센 말을 찾는 거지. 아무리 감정이 격해져도 말은 조심해야 해."

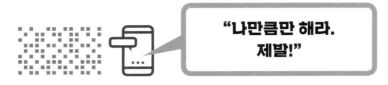

"나만큼만 해라.
제발!"

자기 자랑하고 대접받으려고 하는 건 집에서나 하자고요.
쉽게 남을 평가하면 그만큼 자신도 남에게 평가받습니다.

자기 자랑을 늘어놓지 않기

내가 없으면 안 된다는 자신감은 대체 어디서 나오는 걸까요? 회사에서는 내가 없어도 아무렇지 않게 잘 돌아가는데 말이죠. 나 없으면 안 될 것 같지만 대신할 사람은 반드시 있게 마련입니다.

저도 제 상사가 어느 날 갑자기 잠적하며 회사를 그만둔 적이 있었는데, 인수인계도 전혀 안 된 상태라 어떻게 해야 할지 막막했지만 이가 없으면 잇몸으로라도 씹는다고 정말 티 안 나게 메워지더라고요. 요즘은 심지어 기계로 대체되는 직업들도 늘어나고 있잖아요.

예전에는 박학다식한 사람들이 '와, 똑똑하다'라고 생각하며 선망의 대상이었습니다. 하지만 요즘 드는 생각은 무슨 이야기가 나오든 너무 잘 알고 말하니까 정작 같이 말하는 사람들은 할 말이 없게 만들기도 하더라고요.

자기가 최고라고 생각하고 자신의 업적을 자랑하는 사람은 인정받고 싶어서 몸부림치는 것은 아닌지 생각해 봅시다. 후배들에게 경험담이라고 들려주는 이야기 중에 혹시 "내가 이런 것까지 했던 사람이야"라고 자화자찬하는 말을 하고 있지는 않은지 살펴보자고요.

후배들이 존경하는 선배는 자기 자랑하는 선배가 아닙니다. 본인이 스스로를 인정하는 게 아니라 주변에서 인정해주는 것이 진짜죠.

나의 업적에 대해 자랑을 하고 싶으면 부모님에게만 하세요. 물론 친구들도 "너 잘났다!"라고 멀리할 수 있습니다.

"자기 자랑해서 미안!"

남을 평가하지 않기

요즘은 평가의 시대라고 해도 과언이 아닙니다. 가장 대표적으로 먹을 곳을 찾을 때 많은 사람들이 맛집을 검색합니다. 맛집은 그 음식을 먹어본 사람들이 실제로 평가를 해서 평점을 주기 때문에 믿고 선택하죠.

여행은 어떤가요? 어느 나라에 갈지도, 어느 여행사 가이드가 어떤지도 모두 확인하고 고릅니다. 숙박도 마찬가지입니다. 호텔들이 평점 테러에 시달린다는 기사를 본 적이 있는데요, 평점 하나 때문에 고객이 원하는 것은 무엇이든 해주려고 하죠. 악플이 달리면 결국 손해니까요. 이렇게 물건이나 서비스에 대한 평가를 하다보니까 사람에게도 평가의 잣대를 가볍게 들이댑니다.

유명 강사가 한 유튜브 채널에 출연해서 자신이 강의한 뒤에 바로 평가를 하는 모습을 보고 무척 당황스러웠다고 하는데요, 그 강의 주제가 '남의 평가로부터 자유로워지기'였다고 하네요. 저도 한 강의에서 저에게 강의 평가를 가지고 제가 "만점 줬어요"라고 말하는 사람을 만난 적이 있습니다. 이럴 때 어떻게 반응을 해야 할지 난감하더라고요. (이렇게 저도 늘 평가받고 살고 있습니다.)

객관적으로 사람을 평가한다는 것이 쉬운 일은 아니죠. 참 재밌는 점은 쌍방향으로 평가를 한다고 하면 사람을 대하는 태도가 달라진다는 것입니다. 부서장이 일방적으로 평가하던 시대에서 '360도 평가' 방법으로 바뀌다보니 이제 후배 눈치 보는 이들도 많아졌습니다. 자신이 남을 평가할 때는 가혹하지만, 자신이 평가받는 사람이 되면 겸손해지나봅니다.

"사람을 어떻게 평가해. 이런 사람, 저런 사람 모두 한 사람으로 존재하는 거지!"

대접받으려고 하지 않기

"내가 누군지 알아?"라는 말에 대한 반응이 예전과 지금을 비교해보면 좀 달라졌습니다. 예전에는 "제가 몰라봐서 죄송합니다"라고 말했겠지만 지금은 "근데요?"라고 합니다.

대접받는다는 생각은 상명하복이 통하던 시대의 마인드입니다. 갑을문화라면 을이 갑에게 대접하는 것이 당연한 것이지만, 이제 상사는 갑이 아니라 함께 일하는 동료이고, 나보다 조금 더 일을 한 선배입니다.

기성세대들에게는 여전히 조찬문화가 유지되고 있고, 명함을 주고받으며 '나 누구야'라고 자신의 존재감을 드러내기 위해 애쓰고 있습니다. 은퇴를 해도 그 사람을 마지막 직장의 직책으로 부르는 경우가 많습니다. 그렇게 대접해주는 사람들이 있으니 가능한 일입니다.

아마도 낀 세대들은 선배들의 그런 모습을 보고 한 번쯤은 '나는 저러지 말아야지'라고 생각했을 겁니다. 이제는 대접받고 싶어도 그렇게 해줄 후배들이 없습니다. 그러니 '모든 사람은 평등하다'라고 생각하는 것이 가장 현실적입니다.

내가 후배를 동등하게 생각하고 그들을 대하면 후배는 존중받았다고 느낍니다. 그러면 대접받으려고 하지 않아도 인정하고 배려할 것입니다.

"조찬 한 번 갔는데 정말 적응 안 되더라. 페이스북 인맥 맺는 기분이었어. 우리나라에는 잘난 사람들이 참 많은 것 같아. 소속이 없으면 모임에 나갈 수가 없겠더라고. 나이가 많다고 갑도 아니도 회사가 좋다고 갑도 아닌데 참 쓸쓸하더라."

나도 닮고 싶은 선배가 될 수 있다

요즘은 기성세대, 낀 세대, 90년생로 구분하기도 하고, 386세대, X세대, Y세대, Z세대로 나누면서 세대 간 차이를 이해하려고 노력하고 있습니다.

반면에 이 노력이 무색할 정도로 세대를 나누면서 오히려 더 차이와 편견이 커지고 있다거나, 지금까지 매번 '요즘 애들'은 있었는데 왜 90년생들에게 유독 관심을 쏟는지 모르겠다거나, 90년생들도 회사에서 몇 년만 있으면 적응하고 똑같아질 거라고 말하기도 합니다. 이런저런 이야기들을 듣다보면 다 맞는 이야기여서 고개만 끄덕이게 됩니다.

제가 이 책을 쓰면서 든 생각은 X세대라고 불리는 낀 세대들의 위치가 참 녹록지 않다는 것입니다. 최종 결정권자도 아니고 실무 담당자도 아닌 애매한 위치라 역할에 대한 고민도 버거운데 거기에 소통의 문제까지 짐을 하나 더 얹게 되었습니다. 이들의 이야기를 들어보면 선배보다 후배와 이야기하는 것이 더 힘들다고 말합니다.

윗사람은 지금까지 하던 대로 예의를 갖춰서 소통하면 됩니다. 문제는 후배와의 소통이죠. 후배는 이렇게 하면 명령한다고 하고, 저렇게 하면 꼰대질한다고 불만이랍니다. 그리고 후배들은 자기가 하기 싫으면 회사를 나가거나 자기 할일만 딱 하면 퇴근하니 낀 세대들은 일은 더 늘고 고생만 한다고 느껴집니다.

게다가 중간에 껴서 위아래 조율하기도 바쁘죠. 위에서는 애들한테 너무 잘해주지 말라고 하거나 사소한 것들까지 자꾸 네가 하니까 애들이 안 한다며 잔소리하고, 후배들은 왜 그걸 내가 해야 하냐고 따지거나 몰라서 못한다고 합니다.

중간에 끼어 있는 사람들은 후배들 마음을 모르는 것도 아니니 안 해줄 수도 없고, 업무분장을 하면서 후배들에게 맡기면 불만이 나올 게 뻔해서 '그냥 내가 하고 만다'는 심정으로 일을 도맡아 합니다. 또, 이들은 자신들의 선배들처럼 시키기만 하는 리더보다는 솔선수범하는 모습을 보이고 싶은데 이 균형을 맞추기가 쉽지 않다고 하소연합니다. 참 쉬운 게 없습니다.

저는 낀 세대들에게 소통만이라도 편해질 수 있도록 90년생 후배들과 소통하는 방법을 어떻게든 제시하고 싶었습니다. 이 책에서 언급한 여러 소통 방법들을 후배들에게 꼭 적용해보면 좋겠습니다. 당돌한 신입이라고 치부하기에는 함께 가야 할 길이 너무 멉니다.

나와 함께 일하는 90년생들의 특징을 이해하기 위해 내가 마치 프로 파일러가 되었다고 생각해보세요. 어떤 것들이 후배들에게 영향을 미쳤는지, 무엇 때문에 우리와 다른 감성을 가졌는지, 일에 대한 생각은 무엇이며 어떤 것에서 의미를 찾는지 등에 대해 이제부터 관심을 갖고 알아보는 것은 어떨까요?

우리도 처음 사회생활을 시작할 때는 아무 것도 몰랐습니다. 이제 막 걸음마를 배우는 것처럼 일을 배우기 급급하고, 바로 앞에 놓인 일밖에 하지 못하고, 상황이 어떻게 돌아가는지 파악하거나 주변 사람을 챙길 여력은 없었습니다. 이런 상황에 놓인 후배들을 위해 내가 조금 더 노력해보자는 마음을 가지면 좋겠습니다.

기성세대들은 수평적인 조직문화로 변화하고 있는 현실에 대해 "이제 후배 무서워서 업무지시도 제대로 못하는 세상이 됐다"라고 성토합니다. 반면에 90년생들은 "서로 존중하고 수평적인 새로운 직장문화가 기대된다"라고 말하고 있습니다. 지금까지는 부당하다고 여기면서도 고스란히 겪었지만 이제야 제대로 된 조직문화가 만들어지는 것은 아닐까요? 어쩌면 '지금이 맞는 것은 아닐까?'라는 생각이 듭니다.

이 책을 읽고 '나만 참으라는 건가?' '나만 왜 노력해야 하지?' 하는 답답함이 들 수도 있습니다. 내리사랑이라고 부모님이 자식을 위해 대화하는 방법을 배우고, 선생님이 학생들과 더 소통을 잘하고 싶어 새로운 방법을 시도합니다. 마음이 더 불편한 쪽에서 변화하려고 노력하듯이, 내 선배들은 나를 위해 배우지 않았더라도 나는 후배를 위해 한번 해보자고요! 그러면 어느 날엔가 존경받는 선배가 되어 있을 겁니다!

강지연

- 『고운 마음 꽃이 되고 고운 말은 빛이 되고』 (이해인, 샘터, 2018)
- 『완벽한 공부법』 (고영성, 신영준, 로크미디어, 2017)
- 『회복탄력성』 (김주환, 위즈덤하우스, 2019)
- 『반영조직』 (구기욱, 쿠퍼북스, 2016)
- 『성공하는 사람들의 일곱 가지 습관』 (스티븐 코비 저, 김경섭 옮김, 김영사, 2017)
- 『FBI 행동의 심리학』 (마빈 칼린스, 로 내버로 저, 박정길 옮김, 리더스북, 2010)
- 『나는 왜 감정에 서툴까?』 (이지영, 청림출판, 2014)
- 『태도의 말들』 (엄지혜, 유유, 2019)
- 『해결중심단기코칭』 (김인수, Peter Szabo 저, 김윤주, 노혜련 외 1명 옮김, 시그마프레스, 2011)
- 『해피어』 (탈 벤 샤하르 저, 노혜숙 옮김, 위즈덤하우스, 2007)
- 『하버드대 52주 행복연습』 (탈 벤 샤하르 저, 서윤정 옮김, 위즈덤하우스, 2010)
- 『행복도 선택이다』 (이민규, 더난출판사, 2012)
- 『애스킹』 (테리 J 파뎀 저, 김재명 옮김, 쌤앤파커스, 2009)
- 『예스, 앤드』 (켈리 레너드, 톰 요튼 저, 박선령 옮김, 위너스북, 2015)
- 『위대한 나의 발견 강점혁명』 (마커스 버킹엄, 도널드 클리프턴 저, 박정숙 옮김, 청림출판, 2013)
- 『경영의 실제』 (피터 드러커 저, 이재규 옮김, 한국경제신문사, 2006)
- 『90년생이 온다』 (임홍택, 웨일북, 2018)
- 『같은 말도 듣기 좋게』 (히데시마 후미카 저, 오성원 옮김, 위즈덤하우스, 2018)
- 『선량한 차별주의자』 (김지혜, 창비, 2019)
- 변혁적 리더십이 조직신뢰와 역할 내 행동 및 심리적 웰빙에 미치는 영향에 관한 연구 - 희망과 친밀감의 매개 역할을 중심으로 (허남철, 경기대학교 대학원 박사학위 논문, 2008)
- 조직구성원의 신뢰감 형성과 직무태도간의 관계 연구 (고한주, 아주대학교

교육대학원 석사학위 논문, 2004)

- 리더의 감정조절에 대한 지각과 조직원의 직무만족·조직시민행동간의 관계 (주방방, 충남대학교 대학원 석사학위 논문, 2017)

- 부하의 상사에 대한 신뢰감이 리더-멤버 교환의 질과 이직의향 및 직무만족 관계에 미치는 영향 (한광현, 산경논총 Vol.21 No.1, 2002)

- 진성리더십이 직무열의에 미치는 영향과 리더-구성원 교환관계(LMX)의 매개효과 (홍지인, 중앙대학교 글로벌인적자원개발대학원 석사학위 논문, 2016)

- 미용실 종사자의 사회적 교환관계, 행복 및 조직효과성 간의 관계 (김경은, 장은진, 김종우, 한국미용학회지 Vol.23 No.1, 2017)

- 포용적 리더십이 심리적안정감, 직무열의, 직무성과에 미치는 영향에 관한 연구 – 특급호텔 중심으로 (서고운, 경희대학교 대학원 석사학위 논문, 2018)

- 일반인의 스트레스 감소를 위한 상상현실요법 프로그램 개발 및 효과 연구 (천준협, 동방대학원대학교 박사학위 논문, 2014)

- 마음챙김명상이 현대인의 스트레스 감소효과에 대한 동향 연구 (이승구(해인), 능인대학원대학교 석사학위 논문, 2018)

- '협력적 의사소통 역량' 함양을 위한 과학 논의 수업 (노선희, 한국교원대학교 대학원 석사학위 논문, 2019)

- 직무만족과 협업이 성과에 미치는 영향 (유정, 가천대학교 일반대학원 석사학위 논문, 2014)

- 의사소통적-치료적 관점에서 듣기와 공감적 경청의 의미 (백미숙, 독일언어문학 Vol.34, 2006)

- 초등 저학년생의 공감 능력 향상을 위한 드라마 프로그램 개발 연구 – 경청 교육을 중심으로 (서유미, 서울교육대학교 교육전문대학원 석사학위 논문, 2016)

- 유머감각과 유머스타일이 대인관계에 미치는 영향 (장해순, 이만제, 한국소통학보 Vol.25, 2014)

- 비폭력대화와 감정코칭을 통합한 청소년 정서조절프로그램 개발 및 효과 (나옥희, 목포대학교 대학원 박사학위 논문, 2017)
- 조직 내 구성원들이 인식한 리더의 겸손이 조직유효성에 미치는 영향과 자기효능감 및 과업상호의존성의 조절효과 – 국내 A 중견기업을 중심으로 (김지윤, 경희대학교 대학원 박사학위 논문, 2019)
- 리더의 표현된 겸손과 도덕적 용기가 조직 유효성에 미치는 영향 – LMX의 매개효과를 중심으로 (지성하, 성균관대학교 경영전문대학원 박사학위 논문, 2016)
- 비언어커뮤니케이션의 설득효과에 관한 연구 – 쇼호스트의 스피치상황을 중심으로 (정은이, 건국대학교 대학원 박사학위 논문, 2014)
- 공식적·비공식적 배려행동 및 상사신뢰가 상사-부하 간 교환관계에 미치는 영향 (이종찬, 한국인적자원관리학회 Vol.22 No.4, 2015)
- 리더의 배려행동이 부하의 성과에 미치는 영향 (김경수, 배현숙, 양동민, 조직과 인사관리연구 Vol.39 No.1, 2015)
- 긍정정서와 자기결정성 요인이 삶의 의미에 미치는 영향 (김경희, 가톨릭대학교 대학원 석사학위 논문, 2011)
- 보육교사의 긍정적 사고가 직무스트레스에 미치는 영향 (이수자, 한일장신대학교 사회복지대학원 석사학위 논문, 2018)
- 긍정언어 생활교육 프로그램이 초등학생의 자기존중감과 타인존중태도 및 공격성에 미치는 효과 (임현수, 경희대학교 일반대학원 석사학위 논문, 2015)
- 질문 강화 수업이 중학생들의 질문 수준과 학업 성취도에 미치는 영향 (배재희, 이화여자대학교 교육대학원 석사학위 논문, 2001)
- 성취결과 피드백 제시 방법이 수행목표 성향에 따라 흥미와 지각된 유능감에 미치는 영향 (조명화, 고려대학교 교육대학원 석사학위 논문, 2009)
- 격려언어 사용하기 프로그램이 초등학생의 스트레스 감소와 자기존중감 증가에 미치는 효과 (김미선, 전남대학교 교육대학원 석사학위 논문, 2012)

- 서비스 매너 중요도가 매너교육 요구도와 실천도 및 직무만족에 미치는 영향 – 미용실 종사자를 중심으로 (홍기향, 서경대학교 대학원 석사학위 논문, 2014)
- 교사의 스몰 토크(small talk)가 고등학생의 수학학습에 대한 정의적 성취요소에 미치는 영향 (허윤선, 이화여자대학교 교육대학원 석사학위 논문, 2015)
- 병사들의 눈치와 대인관계조화의 관계에서 정서조절양식의 조절효과 (서현숙, 한국방송통신대학교 대학원 석사학위 논문, 2015)
- 수용전념 및 인지행동 심리치료 프로그램이 청소년의 우울증, 심리적 수용 및 자기통제에 미치는 영향 (김채순, 창원대학교 대학원 박사학위 논문, 2012)
- 구성원의 공감능력과 리더의 정서지능의 상호작용이 관계갈등에 미치는 효과에 관한 실증연구 (강태구, 한남대학교 대학원 박사학위 논문, 2018)
- 교사의 지지적 분위기와 시간 압력이 초등학생의 창의적 과제 수행에 미치는 영향 (김현주, 창원대학교 교육대학원 석사학위 논문, 2007)
- 수행 결과 명확성 차이에 따른 정확한 피드백과 부정확한 피드백의 직무수행에 미치는 효과 비교 (이지동, 중앙대학교 대학원 석사학위 논문, 2019)
- 에니어그램 성격유형에 따른 부모의 피드백 척도 개발 및 타당화 (유서현, 숙명여자대학교 대학원 박사학위 논문, 2018)
- 잠재력 개발 집단상담이 훈련병의 자아존중감과 정신건강에 미치는 영향 (이지영, 이화여자대학교 대학원 석사학위 논문, 1995)
- L기업 구성원의 직무특성과 창의적 행동의 관계에서 내적 동기의 매개효과 (황상탁, 고려대학교 교육대학원 석사학위 논문, 2012)
- 초등학교장의 변혁적 리더십, 수석교사의 코칭리더십, 교사학습공동체 수준, 교사헌신, 학교활력 간의 구조적 관계 (고영희, 숭실대학교 대학원 박사학위 논문, 2019)
- 성장마인드셋 코칭프로그램이 조직원의 성장마인드셋, 학습목표지향성, 직무스트레스에 미치는 효과 (이정아, 광운대학교 교육대학원 석사학위 논문, 2016)

- 목표관리의 특성이 근로자 태도 및 역량에 미치는 영향 (홍준석, 서울과학기술대학교 산업대학원 석사학위 논문, 2015)
- 호텔기업에서 목표관리(MBO) 및 시장지향성이 조직유효성에 미치는 영향 – 목표설정이론을 중심으로 (김기석, 경기대학교 관광전문대학원 석사학위 논문, 2013)
- 집단지성 기반의 학습환경 설계원리 및 모형개발 (이영태, 서울대학교 대학원 박사학위 논문, 2013)
- 단기 프로젝트의 목표설정에 대한 효과성 연구 – A社 사례를 활용한 실증분석 (최영석, 단국대학교 정책경영대학원 석사학위 논문, 2011)
- 중간관리자의 의사소통역량 척도 개발 및 타당화 (강지연, 광운대학교 대학원 박사학위 논문, 2018)